Regensburg auf einen Blick

0 — 500 m
© Reise Know-How 2020

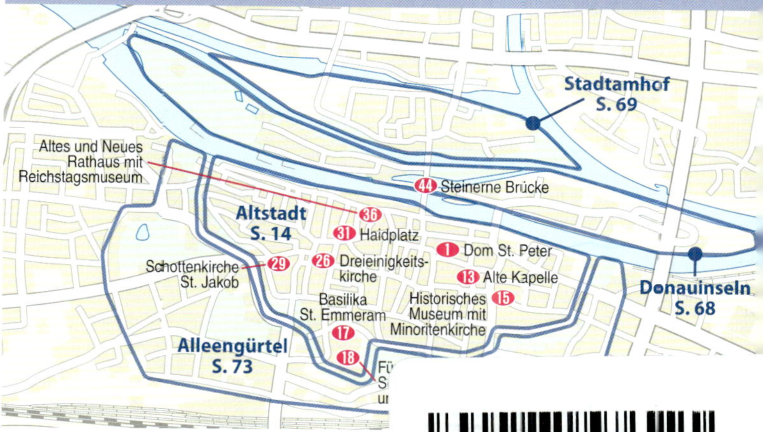

Zeichenerklärung

★★★ nicht verpassen
★★ besonders sehenswert
★ wichtig für speziell interessierte Besucher

[A1] Planquadrat im Kartenmaterial. Orte ohne diese Angabe liegen außerhalb unserer Karten. Ihre Lage kann aber wie die von allen Ortsmarken mithilfe der begleitenden Web-App angezeigt werden (s. S. 140).

Updates zum Buch

www.reise-know-how.de/citytrip/regensburg20

Vorwahlen

› für Regensburg: 0941

Tradition und Moderne liegen in Regensburg nicht nur geografisch ganz nah beieinander, vielmehr geben sie der Donaustadt auch ihre unverwechselbare Prägung. Im Folgenden ein paar besondere Tipps für unsere Leser:

Neues Kulturhighlight

Nach 11 Jahren der Planung, archäologischen Ausgrabungen und Bauarbeiten öffnete im Juni 2019 das Museum der Bayerischen Geschichte seine Pforten. Der Fokus liegt auf der geschichtlichen und kulturellen Entwicklung Bayerns in den letzten zwei Jahrhunderten (s. S. 64).

Gastronomietipp

Im ehemaligen Augustiner-Kloster verwöhnt das Hacker-Pschorr Wirtshaus seine Gäste mit bodenständiger bayerischer Küche. Fantastisch sind die originalen Stuckaturen der holzvertäfelten Räume vom berühmten Barock-Künstler Egid Quirin Asam (s. S. 92).

Neue Discos und Klubs

Ausgelassene Partylaune mit Livebands, coolen Drinks und wechselnden DJs beherrscht nachts das Obermünsterviertel. Disco Heart, Helga oder Zap sind nur einige der besten und angesagtesten Locations (s. S. 99).

Meisterkonzerte der Extraklasse

Insider und Fachmagazine zählen die Tage Alter Musik Regensburg zu den fünf weltweit besten Musikfestivals ihrer Art. Seit über 30 Jahren bieten sie Musikgenuss vom Feinsten mit historischen Instrumenten (s. S. 106).

076rb Abb.: dt©Wam1975

Jürgen Bergmann

CITY|TRIP

REGENSBURG

Nicht verpassen!

Karte S. 3

1 Dom St. Peter [F4]
Die Bischofskathedrale ist der größte gotische Sakralbau Bayerns. Mit seinen vielen bunten Glasfenstern, Reliefs und Skulpturen ist er ein Gesamtkunstwerk allerersten Ranges (s. S. 14).

13 Alte Kapelle [G4]
Das ehrwürdige Gotteshaus, dessen Wurzeln bis ins frühe Mittelalter zurückreichen, glänzt mit prächtigen Fresken und goldenen Stuckornamenten – bayerische Rokoko-Kunst vom Feinsten (s. S. 30).

15 Historisches Museum mit Minoritenkirche [G5]
Die umfangreichen, im einstigen Franziskanerkloster beheimateten Sammlungen spannen einen kulturgeschichtlichen Bogen von der römischen Antike über das Mittelalter bis in das 19. Jh. (s. S. 32).

17 Basilika St. Emmeram [E6]
Die uralte Kirche des früheren Benediktinerklosters zeichnet sich durch drei Krypten, bedeutende Grabdenkmäler und grazilen Barockdekor der Brüder Asam aus (s. S. 34).

18 Fürstliches Schloss Thurn und Taxis [E6]
Der gotische Kreuzgang und die zahlreichen Prunkräume sind die Höhepunkte eines Rundgangs, der durch eines der größten bewohnten Schlösser des Kontinents führt (s. S. 36).

26 Dreieinigkeitskirche [D4]
Unvergleichlich ist die Rundumsicht vom Turm der Kirche, die zu den ältesten protestantischen Sakralbauten in Süddeutschland gehört (s. S. 45).

29 Schottenkirche St. Jakob [C4]
Bis heute rätselhaft ist das Nordportal mit seinen eigenartigen Reliefs, das zu den bedeutendsten Zeugnissen romanischer Baukunst zählt (s. S. 48).

31 Haidplatz [E4]
Italienisches Flair und Dolce Vita herrschen auf der von Palästen und Cafés umrahmten „Piazza" (s. S. 50).

36 Altes und Neues Rathaus mit Reichstagsmuseum [E3]
Im Reichssaal hielt der Immerwährende Reichstag seine Sitzungen ab (s. S. 53).

44 Steinerne Brücke [F3]
Das mittelalterliche Weltwunder war lange Zeit der einzige Donauübergang zwischen Ulm und Wien und Vorbild für Brücken in ganz Europa (s. S. 65).

Leichte Orientierung mit dem cleveren Nummernsystem
Die Sehenswürdigkeiten sind im Text und im Kartenmaterial mit derselben **magentafarbenen ovalen Nummer** 1 markiert. Alle anderen Lokalitäten wie Geschäfte, Restaurants usw. tragen ein **Symbol und eine fortlaufende rote Nummer** (1). Die Liste aller Orte befindet sich auf Seite 141, die Zeichenerklärung auf Seite 143.

Historisches Museum
Städtische Galerie im Leeren Beutel
document Reichstag im Alten Rathaus
document Keplerhaus
document Neupfarrplatz
document Schnupftabakfabrik
document Legionslagermauer

Foto: Bilddokumentation Stadt Regensburg

REGENSBURG ENTDECKEN

Willkommen in Regensburg

„Regenspurg liegt gar schön, die Gegend mußte eine Stadt hierher locken." Die unvergleichliche Lage wusste schon 1786 Johann Wolfgang von Goethe auf dem Weg nach Italien zu schätzen.

Das **historische Zentrum Regensburgs** erstreckt sich entlang des Südufers der **Donau.** Trotz des scheinbaren Wirrwarrs der vielen Gassen fällt die **Orientierung in der Altstadt** doch recht leicht. Fast in der Mitte erhebt sich der gotische **Dom** 1, ein kurzes Stück weiter nördlich führt die berühmte **Steinerne Brücke** 44 über die Donau in das Viertel Stadtamhof.

Im Gegensatz zu vielen anderen Städten in Bayern fehlt ein einziger weitläufiger Platz, dafür lockern **etliche kleine und mittelgroße Plätze** das baulich kompakte Zentrum auf. Durch den **Stadtkern** zwischen Dachauplatz [G5] im Osten und Bismarck- 28 bzw. Arnulfsplatz [D4] im Westen, in dem sich die meisten Sehenswürdigkeiten konzentrieren, führen **zwei wichtige Straßenzüge:** im Norden die Abfolge der Gasse Unter den Schwibbögen [F/G4], Goliathstraße, Kohlenmarkt [E3/4], Neue-Waag-Gasse, Haidplatz 31 und Ludwigstraße, parallel dazu etwas weiter südlich die Drei-Kronen-Gasse [G5], Schwarze-Bären-Straße, Neupfarrplatz 20 und die lange Gesandtenstraße [D/E4]. Dieses Areal deckt sich ungefähr mit den wichtigsten **Shopping-, Gastro- und Ausgehvierteln.** Östlich davon stellt die **Maximilianstraße** 16, an der sich Geschäfte und Eisdielen befinden, die Verbindung zum **Hauptbahnhof** dar.

Nördlich der Donau und ihrer **Inseln,** Oberer 45 und Unterer Wöhrd 46, breitet sich **Stadtamhof** aus (s. S. 69). Das Viertel, vor zwei Jahrhunderten noch selbstständige Stadt, gehört wie die **gesamte Altstadt zum UNESCO-Welterbe.** Um das historische Zentrum erstreckt sich im Verlauf der mittelalterlichen, größtenteils abgebrochenen Stadtmauer eine über 3,5 km lange **grüne Lunge,** bestehend aus Alleen, großen Baumgruppen und Gärten im Stil englischer Landschaftsparks (s. S. 73). Kaum attraktiv für Touristen sind die Viertel der **Neustadt,** die sich erst seit Anfang des 19. Jh. entwickelten zu einer Zeit, als Regensburg keine große politische und wirtschaftliche Bedeutung mehr besaß. Mit Ausnahme einiger stattlicher Villen fehlen hier repräsentative Bauten wie Museen oder Schlösser fast gänzlich.

Den äußersten Westen bzw. Osten der Altstadt nehmen die **Westnerwacht** und die **Ostnerwacht** ein, zwei Gebiete, die deutlich weniger klassische Sehenswürdigkeiten haben – doch laden auch dort etliche malerische Winkel abseits der Touristenströme zum Bummeln und Entdecken ein. Südlich des **Obermünsterviertels** – benannt nach der einzigen kriegszerstörten Kirche und heute ein Nightlife Spot – liegt der weitläufige Komplex des ehemaligen **Klosters St. Emmeram** 17, dessen umgestaltete Klausurgebäude das **Fürstliche Schloss Thurn und Taxis** 18 einnehmen.

Vorseite: Die Weinlände zwischen Eisernem Steg [D2-3] und Steinerner Brücke 44 lockt zu einem kurzen Spaziergang entlang der Donau

003rb Abb.: jb

Kurztrip nach Regensburg

1. Tag

Vormittags

Alternativ zu den hier genannten Sehenswürdigkeiten für einen Vormittag, kann man auch anhand eines empfohlenen **Stadtspaziergangs** (s. S. 11) in 4 bis 5 Stunden die Altstadt erkunden. Das architektonisch und künstlerisch alles überragende Bauwerk ist der **Dom** 1. Er ist von vielen Stellen der Altstadt sichtbar und eignet sich daher als Orientierungspunkt. Am östlichen Ende des **Domplatzes** 5 sticht **St. Ulrich** 4 heraus, eine profanierte frühgotische Kirche, die mit hochkarätigen Kunstwerken einen Kurzbesuch lohnt. Auf dem **Alten Kornmarkt** 9 daneben findet samstagvormittags der **Wochenmarkt** (s. S. 105) mit Lebensmitteln aus der Region statt. Keinesfalls versäumen sollte man die Besichtigung der **Alten Kapelle** 13 auf der Südseite des Platzes, ein Juwel bayerischer Rokokokunst. Auf dem Weg zur Donau passiert man die romanische **Dompfarrkirche Niedermünster** 8 mit dem gotischen Grab des hl. Erhard. Am Marc-Aurel-Ufer empfiehlt sich mittags zur Einkehr die berühmte Historische Wurstkuchl (s. S. 63) oder der unweit gelegene **Bischofshof** 6 mit authentischer bayerischer Küche.

EXTRAINFO

Nette Toilette

Unter dem Motto „Nette Toilette" stellen etwa 20 Gastronomen und Händler der Altstadt ihre Toiletten zur kostenlosen Nutzung zur Verfügung. Eine Win-win-Situation: Für die Besucher allemal, und auch für den Betreiber, der so vielleicht einen neuen Gast oder Kunden gewinnt. Die Partner der Aktion erkennt man an dem **roten Aufkleber mit Smiley** an der Tür. Einen **Faltplan,** in dem alle „netten Toiletten" eingezeichnet sind, gibt es bei der Tourist Information (s. S. 121).

Fantastischer Blick vom Oberen Wöhrd 45 auf Altstadt mit Dom 1

Nachmittags

Zu den herausragenden Sehenswürdigkeiten Regensburgs gehört das **Alte Rathaus** 36 mit dem historischen Reichssaal und der original erhaltenen Fragstatt (s.S. 57) mit ihren Folterwerkzeugen, die man bei einer Führung besichtigen kann. Einen Steinwurf weiter breitet sich der dreieckige **Haidplatz** 31 aus. Ein markanter städtebaulicher Fixpunkt, dessen urgemütliche, an Italien erinnernde Atmosphäre man von den im Freien stehenden Tischen des Cafés Goldenes Kreuz (s.S. 95) genießen kann. Über den Fischmarkt und das heute Am Wiedfang genannte Gebiet des mittelalterlichen, schon längst zugeschütteten Hafens gelangt man zum **Besucherzentrum Welterbe** (Eintritt frei) im alten reichsstädtischen **Salzstadel** 41, wo man einen guten Überblick über das historische Zentrum gewinnen kann. Über die **Steinerne Brücke** 44, einst als Weltwunder gefeiert und viele Jahre der einzige feste Donauübergang zwischen Ulm und Wien, führt der Weg nach **Stadtamhof.** Gleich zu Beginn des Viertels lädt der **Brückenbasar** (s.S. 71) oder der Spitalgarten (s.S. 94) im **St. Katharinenspital** 47 zum Ausklingen des Nachmittags ein.

Das gibt es nur in Regensburg

- ***Geschlechtertürme:*** *Mit teilweise über 50 m hohen Türmen ließen die im Mittelalter durch Fernhandel zu Wohlstand gekommenen Patrizier ihre Stadtpaläste schmücken. Rund 20 dieser Machtsymbole der reichen „Pfeffersäcke" sind heute noch erhalten – einige mehr als im berühmten San Gimignano in der Toskana (s. S. 44).*
- ***Hauptorgel des Doms*** 1***:*** *Seit 2009 erklingt im nördlichen Querschiff die fast 40 t schwere neue Hauptorgel, die nur von vier jeweils 30 mm dicken Stahlseilen gehalten wird. Das von der renommierten österreichischen Firma Rieger erbaute Instrument gilt mit 80 Registern und 5871 Pfeifen als größte hängende Orgel, eine sog. Schwalbennestorgel, der Welt (s. S. 20).*
- ***Donau-Schiffahrts-Museum*** 42***:*** *Zwei historische Donauschiffe erzählen mit Modellen, Schautafeln und zahlreichen Exponaten Geschichte – ihre jeweils sehr wechselvolle eigene und die der Schifffahrt auf Europas zweitlängstem Strom.*
- ***Historische Wurstkuchl:*** *Die uralte und urige Bratwurstküche direkt an der Donau hat der Überlieferung zufolge bereits als Kantine für die Bauarbeiter der Steinernen Brücke* 44 *im 12. Jh. gedient. Wie eh und je kommen auch heute noch die mit Senf verfeinerten Schweinswürstl frisch vom Holzkohlengrill und schmecken am besten auf der großen Terrasse mit Blick auf die „Steinerne" (s. S. 63).*
- ***Regensburger Domspatzen:*** *Mehr als 1000 Jahre zählt die Erfolgsgeschichte des ältesten Knabenchors der Welt. Die „Lausbuben Gottes" stellen während des sonntäglichen Hochamts, bei den zahlreichen Advents- und Weihnachtsauftritten sowie auf in- und ausländischen Konzerttourneen ihr Können unter Beweis (s. S. 19).*

Abends

Der Abend eignet sich, die zahllosen stimmungsvollen **Pubs und Bars** zu testen (s. S. 98). Die Kneipendichte Regensburgs genießt legendären Ruf! Oder man kann gemütlich von Platz zu Platz, von einem Straßencafé zum nächsten schlendern und das **abendliche Flair** der über viele Jahrhunderte gewachsenen Kulisse genießen.

2. Tag

Vormittags

Ein Kleinod allerersten Ranges ist die **Basilika St. Emmeram** 17 nördlich des säkularisierten Benediktinerklosters. Beachtenswert sind die vielen Grabmäler in den Seitenschiffen, nicht minder die Deckenfresken und Stuckaturen der berühmten Brüder Asam (s. S. 83). Nur mit Führung kann man den wunderschönen gotischen Kreuzgang und die Prunk- und Festräume des **Fürstlichen Schlosses Thurn und Taxis** 18 bestaunen. Vielleicht huscht hier ja Fürstin Gloria über den Weg, sofern sie gerade in Regensburg weilt! Unweit der sehr sehenswerten **Schottenkirche St. Jakob** 29 mit dem rätselhaften romanischen Nordportal breiten sich der **Bismarckplatz** 28 sowie der **Arnulfsplatz** aus. Für eine Mittagsrast laden hier etwa die Kneipe Neue Filmbühne oder der Kneitinger, eine Regensburger Kultwirtschaft, ein.

Nachmittags

Ein grandioses **360°-Panorama** über die Dächerlandschaft bietet der Nordturm der protestantischen **Dreieinigkeitskirche** 26, die auch eine Innenbesichtigung wert ist. Überwältigend ist ebenso der riesige frühgotische Innenraum der einstigen **Dominikanerkirche St. Blasius** 27, ein Sakralbau der Extraklasse nur einen Katzensprung entfernt. Nach so viel hochkarätigem Kunstgenuss kann man sich in Altstadtnähe in der Natur entspannen. In wenigen Minuten ist der **Dörnberg-Park** 51 erreicht, von dem man weiter in den **Stadtpark** 50 sowie in den **Herzogspark** 49 an der Donau spazieren kann. Oder man überquert gleich den Fluss mit dem Eisernen Steg und lässt von den **Donauinseln Oberer** 45 **und Unterer Wöhrd** 46 die Silhouette der Altstadt auf sich wirken. Falls die Füße schmerzen, kann man alternativ bei einer **Schiffsfahrt** (s. S. 127) die Aussicht auf das Donauufer genießen.

Abends

Ob Theater, Musical, Oper oder Ballett, ob Kino, Kabarett oder Konzert – Regensburg hält ganzjährig an mehreren privaten oder städtischen Spielstätten eine **breite Palette niveauvoller Abendunterhaltung** bereit (s. S. 99).

Stadtspaziergang

Als Ausgangspunkt eines vier- bis fünfstündigen Spaziergangs (4,7 km) durch die Altstadt empfiehlt sich der **Dom** 1, Wahrzeichen Regensburgs und größter gotischer Sakralbau Bayerns. Majestätisch türmen sich die Steinmassen der figurenreichen Westfassade empor, im Inneren faszinieren insbesondere die vielen bunten Glasfenster. Vom stets belebten **Domplatz** 5 geht es aus dem Domportal rechts ab, in wenigen Schritten in den **Bischofshof** 6 mit dem modernen Gänsepredigerbrunnen und weiter in die Gasse Unter den Schwibbögen [F/G4]. Dort erhebt sich

Routenverlauf im Stadtplan
Der hier beschriebene Spaziergang ist mit einer grünen Linie im Stadtplan eingezeichnet.

die altehrwürdige **Porta Praetoria** 7, das einstige Nordtor des römischen Legionslagers.

Vorbei an der **Dompfarrkirche Niedermünster** 8 führt der Weg durch die Niedermünstergasse auf den weitläufigen **Alten Kornmarkt** 9 mit **Römerturm** 10 und **Herzogshof** 11, der im Mittelalter etlichen Herrschern als Pfalz diente. Die Ostseite des Platzes dominiert die barocke Fassade der Karmelitenkirche **St. Josef** 12, unumstrittene Perle des Ensembles ist jedoch die verschwenderisch im Rokokostil dekorierte **Alte Kapelle** 13.

Vom Kornmarkt geht es weiter über die Speichergasse [G4], die direkt auf die schnurgerade **Maximilianstraße** 16 stößt. Sie wurde erst nach den Zerstörungen der napoleonischen Kriege Anfang des 19. Jh. angelegt. Die Enge des Domviertels ist hier der **Weite des früheren Prachtboulevards** der Stadt gewichen. Nach dem Überqueren des Ernst-Reuter-Platzes [G6] biegt man rechts in westlicher Richtung in den mit Denkmälern geschmückten **Fürst-Anselm-Park** 52 ein, Teil des die gesamte Altstadt an der Landseite umgebenden Grüngürtels. Vorbei am Keplerdenkmal geht es bis zu einem großen Obelisken neben Sitzbänken. Zu einer kurzen Pause lädt hier der originelle **Milchschwammerl** (s. S. 75). ein. Die denkmalgeschützte Milchbar geht zurück auf die Werbeaktion einer Allgäuer Molkerei aus dem Jahr 1954.

Der Weg führt ein Stück zurück und geradeaus weiter bis zur sogenannten Predigtsäule am nördlichen Rand des Parks beim St.-Peters-Weg. Dieser führt entlang des öffentlich nicht zugänglichen Schlossparks (Emmeramparks) bis zum nicht gerade schönen, aber wichtigen Emmeramsplatz. An seiner Südseite liegt die bedeutende romanische, von den Brüdern Asam (s. S. 83) barockisierte und eindrucksvoll festlich ausgeschmückte **Basilika St. Emmeram** 17. Anschließend begibt man sich über das nordöstliche Ende des Emmeramsplatzes in das noch nicht umfassend sanierte Obermünsterviertel [E/F5]. Mit seinen vielen Klubs und Discos ist es ein Ausgehviertel der Altstadt. Am besten geht man durch folgende seiner verwinkelten Gassen: Alte Manggasse, Obere Bachgasse, Rote-Stern-Gasse und Pfarrergasse [E/F5].

Schließlich gelangt man zum **Neupfarrplatz** 20. Seine große Freifläche markiert die Ausdehnung des 1519 zerstörten Judenviertels (s. S. 40), anstelle der Synagoge erhebt sich heute die evangelische **Neupfarrkirche** 21. Weiter geht es in westlicher Richtung zwischen dem im Boden liegenden weißen Karavan-Denkmal 22, das an die Synagoge erinnert, und dem frühklassizistischen Löschenkohl-Palais 23 in die Gesandtenstraße [D/E4]. Vorbei an vielen Geschäften gelangt man mitten durch das alte Kaufmannsviertel, in dem etliche Geschlechtertürme (s. S. 44) vom Wohlstand der Patrizier im Mittelalter künden. Linker Hand ragt nach 250 m die **Dreieinigkeitskirche** 26 heraus, eine der ältesten protestantischen Sakralbauten Süddeutschlands.

Bald ist der rechteckige **Bismarckplatz** 28 erreicht, den einige klassizistische Bauten, u. a. das Theater an der Nordseite, einrahmen. Über das kleine Lothgässchen erreicht man das figurenreiche Eingangsportal der **Schottenkirche St. Jakob** 29 – ein Juwel romanischer Architektur. Zurück am Bismarckplatz und vorbei am Theater biegt man links in die Drei-Mohren-Gasse und dann gleich rechts in die Ludwigstraße [D4], wo eine weitere beliebte Altstadt-Fußgängerzone beginnt. Diese mündet in den wunderschönen, dreieckig angelegten **Haidplatz** 31, mit seinen stattlichen Fassaden, Restaurants und Cafés einer der lieblichsten Plätze im Zentrum. Im Mittelalter wurden hier Ritterturniere veranstaltet. Geradeaus erreicht man über die Neue-Waag-Gasse das gotische **Alte Rathaus** 36, in dem sich der Immerwährende Reichstag (s. S. 59) befand, sowie daneben das barocke Neue Rathaus. Anschließend überquert man den umtriebigen Kohlenmarkt [E3/4] und erreicht die Goliathstraße mit ihrem **Goliathhaus** 40 sowie vielen eleganten Läden. Fast wieder am **Dom** 1 angelangt, dem Ausgangspunkt des Spaziergangs, biegt man links in die Weiße-Hahnen-Gasse und erreicht auf dieser bald die berühmte **Historische Wurstkuchl** (s. S. 63), von deren Terrasse sich eine schöne Aussicht auf die Donau bietet.

Nun erwartet den Spaziergänger ein ganz besonderes Erlebnis: die Überquerung der Donau auf der **Steinernen Brücke** 44, die im Mittelalter eine Ingenieursleistung allerersten Ranges war. Zu beiden Seiten fällt der Blick auf Ausflugsschiffe und die **Donauinseln Oberer Wöhrd** 45 und **Unterer Wöhrd** 46 mit viel Grün. Jenseits des Flusses breitet sich das Viertel **Stadtamhof** aus (s. S. 69), das jahrhundertelang von Regensburg unabhängig war und erst 1924 eingemeindet wurde. Am Ende des abwechslungsreichen Spaziergangs ist gewiss eine Pause und Stärkung recht, für die sich beim **Katharinenspital** 47 der **Spitalgarten** (s. S. 94) anbietet, einer der gemütlichsten Biergärten Regensburgs mit schöner Fernsicht auf Donau und Altstadt.

Wer des Wanderns noch immer nicht müde ist und einen Ausflug ins Grüne unternehmen möchte, kann einen **zweiten Spaziergang** in die nähere Umgebung unternehmen. Dieser beginnt gleich am nördlichen Ende von Stadtamhof und führt auf die Winzerer Höhen (s. S. 72), von denen sich unvergleichliche Fernblicke auf Regensburg bieten.

KURZ & KNAPP

Stadtwappen

Das Wappen Regensburgs zeigt **zwei schräg gekreuzte silberne Schlüssel** auf rotem Grund. Es leitet sich in vereinfachter Form von dem ältesten Stadtsiegel aus dem Jahr 1211 ab, das bereits den Dom- und Stadtpatron Petrus – thronend mit Mitra sowie einem Buch mit den vier Evangelien (Evangeliar) und dem Himmelsschlüssel in Händen – darstellt.

006rb Abb.: jb

Die Altstadt

Die Regensburger Altstadt entdeckt man am besten zu Fuß. Alle Highlights liegen recht überschaubar beieinander, zwischen St. Jakob bzw. Bismarckplatz im Westen, der Steinernen Brücke im Norden, dem Historischen Museum im Osten und St. Emmeram bzw. dem Fürstlichen Schloss Thurn und Taxis im Süden.

Inmitten dieses von mehreren Plätzen aufgelockerten Gevierts erhebt sich der Dom 1, sichtbar von vielen Stellen und idealer Orientierungspunkt bei Spaziergängen durch das Gassengewirr. Für weitere Abstecher empfehlen sich mehrere Parks des die Altstadt in einem großen Bogen umschließenden Grüngürtels, die weitläufigen Donauinseln Oberer 45 und Unterer Wöhrd 46 sowie das Viertel Stadtamhof jenseits der Donau.

1 Dom St. Peter ★★★ [F4]

Der Dom ist der absolute Publikumsmagnet Regensburgs und neben der Steinernen Brücke 44 das Wahrzeichen der Donaustadt. Höhen und Tiefen bestimmen die jahrhundertelange, erst im 19. Jh. abgeschlossene Baugeschichte dieses bedeutendsten gotischen Sakralraums Bayerns. Faszinierend ist die Fülle hochkarätiger Kunstwerke, allen voran der reiche Skulpturenschmuck und die vielen bunten Domfenster, die zum größten Teil zu den ältesten Glasmalereien Europas gehören.

Nachdem der hl. Bonifatius 739 offiziell das Bistum Regensburg gründete, ließen sich die Bischöfe bei der römischen Porta Praetoria 7 nieder, womit die Lage des Doms innerhalb der Stadt im Großen und Ganzen bestimmt war. Eine erste Basilika mit beachtlichen Ausmaßen wurde um 800 zur Zeit Karls des Großen errichtet. Gut 200 Jahre später verlängerte man Anfang des 11. Jh. den Bau nach Westen mittels eines großen Querschiffs und zwei Türmen sowie eines weitläufigen Atriums (Vorhof). Dieser romanische Gebäudekomplex fiel im 12. Jh. zweimal dem Feuer zum Opfer, wurde aber stets wiederhergestellt – soweit die **Vorgängerbauten.**

Die **Anfänge des heute sichtbaren Doms** gehen auf das Jahr 1273 zurück: Das Gotteshaus brannte ein weiteres Mal aus, diesmal jedoch entschloss sich das Domkapitel zu einem kompletten Neubau im gotischen Stil. Bauwerke hierfür gab es in der Stadt bereits mit den beiden Bettelordenskirchen (St. Blasius 27 und St. Salvator 15) sowie mit St. Ulrich 4. Um die Liturgie einer Bischofskirche aufrechterhalten zu können, wurde die beschädigte romanische Basilika provisorisch repariert und mit dem Neubau des Doms etliche Meter weiter südwestlich begonnen.

Als **Vorbild** für den neuen Dom diente die **französische Kathedralgotik** mit den imposanten zweitürmigen Westfassaden. Doch scheint der beauftragte Architekt nicht ganz auf der Höhe seiner Zeit gewesen zu sein, da er auf einen damals hochmodernen Kapellenkranz verzichtete und stattdessen als östlichen Abschluss von Haupt- und Seitenschiffen gestaffelte Chöre nach alter Regensburger Tradition bevorzugte. Der Bau wurde auf einen ursprünglich 3,40 m hohen Sockel gestellt und – wie im Mittelalter üblich – im Osten mit dem Chor begonnen und sukzessive nach Westen fortgeführt. Um 1285 kam es zu einer weitgehenden Neuplanung, für die wahrscheinlich ein in Frankreich geschulter „Meister Ludwig" verant-

Dom St. Peter

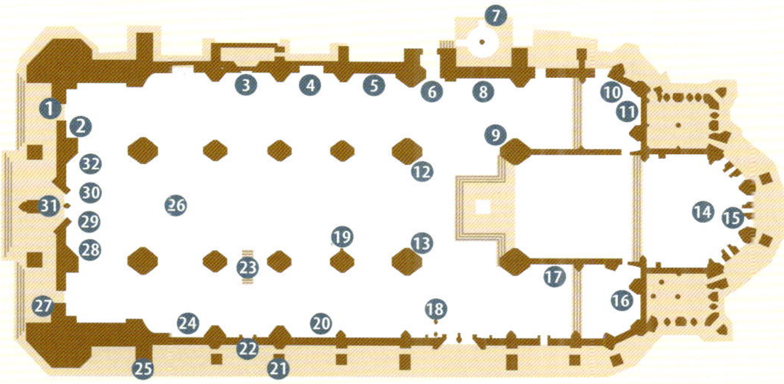

1 Übergabe der Gesetzestafeln an Mose (ca. 1410)
2 Gruppe der „Heimsuchung" (Maria und Elisabeth, ca. 1350–1360)
3 Heinrich-und-Kundigunden-Altar (ca. 1320)
4 Michaels-Altar (ca. 1490)
5 Steinfigur der hl. Margareta (ca. 1360–1370)
6 Eingang zum Domschatzmuseum; Grabmal des Fürstprimas Karl von Dalberg (1817)
7 Eselsturm (11. Jh.)
8 Albertus-Magnus-Altar (1473)
9 Steinfigur des hl. Petrus (ca. 1320)
10 Glasfenster von Josef Oberberger (1967–1968)
11 Ursula-Altar (ca. 1420–1430)
12 Maria der Verkündigung (ca. 1280–1285)
13 Engel der Verkündigung (ca. 1280–1285)
14 Silberner Hochaltar (1695–1785)
15 Glasfenster im Hauptchor (ca. 1300–1370)
16 Geburt-Christi-Altar in der Sailerkapelle (ca. 1410–1420)
17 Grabdenkmal für Bischof Johann Michael von Sailer (1832)
18 Ziehbrunnen (1500)
19 Steinerne Kanzel (1482)
20 Verkündigungs-Altar (ca. 1335)
21 Judenfeindliche Skulptur „Judensau" (ca. 1325–1340)
22 Glasfenster: „Flucht nach Ägypten" mit blauem Esel (ca. 1330)
23 Eingang zu Bischofsgräbern
24 Steinfigur des hl. Petrus (ca. 1420)
25 Jungfrau mit Einhorn (ca. 1325–1340)
26 Grabmal für Kardinal Philipp Wilhelm von Bayern (1598)
27 Befreiung Petri aus dem Gefängnis (ca. 1320)
28 Reiterfigur des hl. Georg (ca. 1325–1330)
29 Dämon „Großmutter des Teufels" (ca. 1390–1400)
30 Dämon „der Teufel" (ca. 1390–1400)
31 Reliefzyklus zum Marienleben (ca. 1390–1415)
32 Reiterfigur des hl. Martin (ca. 1325–1330)

022rb Abb.: jb

wortlich war. Der Regensburger Dom wurde nun – und ohne große Veränderungen in den nächsten Jahrhunderten – im hochgotischen Stil weitergebaut, wovon vor allem auch der vollständig mit farbigen Glasfenstern durchbrochene Chor zeugt. Die Freie Reichsstadt erlebte damals ihre größte Blütezeit, sodass der Bau aufgrund großzügiger Stiftungen rasch voranschritt.

Doch im Laufe des 15. Jh. machte sich der wirtschaftliche Niedergang Regensburgs immer deutlicher bemerkbar, wegen Geldmangels und fehlender Materialtransporte kam es immer öfter zu Baustopps. Die Westfassade konnte schließlich noch bis zu den beiden Obergeschossen der Türme und dem mächtigen Dreiecksgiebel in der Mitte fortgeführt werden. Das bankrotte Regensburg wurde am Ende des Mittelalters von inneren Unruhen ergriffen, bei dem der politisch engagierte Dombaumeister Wolfgang Roritzer (1495–1514) als angeblicher Rädelsführer eines Bürgeraufstands 1514 buchstäblich seinen Kopf durch das Schwert verlor. Damit endeten die Bauarbeiten am Dom, die erst nach einer langen Zäsur wieder aufgenommen wurden. Unter Führung des bayerischen Königs Ludwig I. und getragen von der nationalen, romantischen und religiösen Begeisterung des 19. Jh. begann man 1859 mit dem Ausbau der grazilen Turmhelme. Mit der Errichtung des Dachreiters und des Querhausgiebels wurde die Regensburger Kathedrale 1872 – nach fast genau 600 Jahren Bauzeit – vollendet.

⌃ *Weithin sichtbar überragt der Dom St. Peter Donau und Altstadt*

› *Graziles Maß- und Rankenwerk ziert die Westfassade des Doms*

Der Außenbau

Für die Besichtigung des Doms empfiehlt sich zunächst eine nähere Betrachtung der eindrucksvollen **Westfassade.** Denn hier kann man an den Untergeschossen der beiden Türme leicht einzelne Bauphasen unterscheiden: Der früher entstandene **Südturm** ist deutlich weniger architektonisch gegliedert und verziert als der später hochgezogene **Nordturm.** Ein Charakteristikum des Regensburger Doms ist die Verwendung unterschiedlicher Baumaterialien, weißer Kalkstein und grüner Sandstein, weshalb sich der gesamte Außenbau durch eine uneinheitliche, teilweise „fleckige" Farbgebung auszeichnet. Auffallend und äußerst ungewöhnlich ist unter der zentralen Dreier-Fenster-Gruppe mit vorgestellter Kreuzigungsszene das **Hauptportal** mit vorragender dreiecksförmiger Vorhalle. Am Mittelpfeiler des eigentlichen Eingangs steht der hl. Petrus, darüber breitet sich ein ausführlicher **Reliefzyklus zum Marienleben** aus. Manche der großen **Prophetenfiguren** am vorgestellten Pfeiler sind durch moderne Kopien ersetzt. Im Bogenfeld des nördlichen Seitenportals ist die **Übergabe der Gesetzestafeln an Moses** dargestellt, am südlichen Pendant die **Befreiung Petri.** Mit einer anrührenden, kindlichen Naivität hebt hier ein Engel mit der Linken das Oberteil des Gefängnisturmes hoch und zieht mit der Rechten den Kirchenpatron heraus.

Auch die **Südseite** des Doms ist üppig mit Skulpturen dekoriert. Bekannt sind insbesondere die **Jungfrau mit dem Einhorn** und die sogenannte **Judensau.** Diskriminierende Darstellungen wie diese, bei der Juden an den Zitzen eines Schweins saugen oder ein Schwein melken, gab es im Mittelalter an zahlreichen Kirchen Mitteleuropas.

Am nördlichen Querhaus scheint ein Turm aufgrund des unregelmäßigen Mauerwerks und der schlichten Fensteröffnungen so gar nicht zum gotischen Dom zu passen. Es ist der sogenannte **Eselsturm,** einer der Westtürme des romanischen Vorläuferbaus. Quasi anstelle eines Krans transportieren seit rund 1000 Jahren die Arbeiter der Dombauhütte mit diesem Turm ihre Baumaterialien in die oberen Bereiche des Bauwerks. Esel kamen dabei nicht zum Einsatz, da die spiralförmige Rampe im Inneren dafür viel zu schmal ist. Gut zu sehen ist der Turm beispielsweise vom Domgarten neben dem Chor.

Das Dominnere

Betritt man das Gotteshaus durch eines der beiden Seitenportale, überrascht anfangs die Dunkelheit des **Innenraums.** Diese entspricht weitgehend dem Raumerlebnis, das die Gläubigen im Mittelalter erfahren haben. Wie es nur in wenigen Kathed-

023rb Abb.: jb

ralen der Fall ist, sind hier noch die großen Glasfenster mit ihren Bildprogrammen aus dem 14. und sogar 13. Jh. original erhalten. Diese auch als *biblia pauperum* („Bibel der Armen“) bezeichneten Kunstwerke rufen eine ganz spezielle Aura hervor und sind wohl der kostbarste Schatz des Sakralbaus.

Dem bayerischen König Ludwig I. ist nicht nur die Vollendung des Doms in der Mitte des 19. Jahrhunderts zu verdanken, sondern auch die Beseitigung sämtlicher späterer Einbauten, u. a. der ausladenden barocken Altäre. Ausgenommen von dieser Purifizierung waren allein der silberne Hochaltar sowie im Westteil des Mittelschiffs das **Grabdenkmal für Kardinal Philipp Wilhelm von Bayern** (16. Jh.), der wie Ludwig ein Wittelsbacher war.

Beiderseits des Hauptportals befinden sich in kleinen Nischen zwei groteske Figuren, die im Volksmund **„der Teufel“** (rechts) und **„die Großmutter des Teufels“** (links) genannt werden. Ebenfalls an der inneren Westwandseite, hoch über dem Kopf des Betrachters, sind zwei Reiterfiguren zu erkennen, der **hl. Georg** und ihm gegenüber der **hl. Martin** beim Teilen des Mantels, der sich eigenartigerweise nicht dem Bettler zuwendet und stattdessen scheinbar teilnahmslos in die Ferne blickt.

Graziles Ast- und Maßwerk zieren die **Kanzel** (1482) im Mittelschiff. Wenige Schritte weiter verdienen zwei Statuen an den westlichen Vierungspfeilern besondere Beachtung: Es ist die um 1280 geschaffene überlebensgroße **Verkündigungsgruppe** des sogenannten Erminoldmeisters, die zu den wichtigsten gotischen Plastiken zählt. Mit großer Hingabe hat der Künstler die natürliche Scheu Mariens mittels der erhobenen rechten Hand eingefangen, ebenso die Freude des Engels, während er die frohe Botschaft verkündet – dieser **lachende Engel von Regensburg** mit seinen großen vergoldeten Locken ist neben dem Bamberger Reiter und der Uta von Naumburg gewiss die berühmteste gotische Plastik im deutschsprachigen Raum.

Einem gigantischen, bezaubernden Glashaus gleicht der in allen drei Geschossen mit farbigen Glasfenstern durchbrochene **Chor** – ein exzellentes Beispiel für die gotische Lichtmystik, mit der man im Mittelater ein Abbild des himmlischen Jerusalems auf Erden schaffen wollte. Der 1695–1785 entstandene silberne **Hochaltar** vor der Apsis (halbkreisförmiger oder vieleckiger Raumabschluss) ist das Werk Augsburger Goldschmiede. Neben dem Kreuz sind Büsten von Heiligen platziert: innen Maria und Josef sowie außen Petrus und Paulus. Hinter dem Altar wurde 1839 eine versenkte **Chororgel** eingepasst.

Der Zugang zum **Domschatzmuseum** 2 befindet sich unterhalb der **Hauptorgel** (s. S. 20), gleich daneben das **Grabdenkmal für Karl Theodor von Dalberg** (s. S. 60), den 1817 verstorbenen Erzbischof und Fürstprimas.

Selbst bei einem Kurzbesuch des Doms sollte man die wichtigsten Kunstwerke in den beiden Seitenschiffen nicht versäumen. Charakteristisch für den Regensburger Dom sind fünf Baldachinaltäre, von denen der um 1320 vollendete **Heinrich- und Kunigunden-Altar** im **nördlichen Seitenschiff** der älteste ist. An den Ecken sieht man die bemalten Figuren der beiden Stifter, am Altarblatt den hl. Rupert bei der Taufe des Herzogs Theodor.

Ältester Bauteil der Kathedrale ist der **südliche Nebenchor** mit dem **Geburt-Christi-Altar**, der um 1410 aufgestellt wurde. In der Nähe erhebt sich auch das **Denkmal für Johann Michael von Sailer**, den 1832 verstorbenen Regensburger Bischof. Der rund 13 m tiefe **Ziehbrunnen** wurde um 1500 mit einem kunstvollen Maßwerkbaldachin aufgewertet.

Die Glasfenster im **südlichen Seitenschiff** stammen fast ausschließlich aus dem 14. Jh., ein über dem (verschlossenen) Südportal gelegenes Bild ist stadtbekannt geworden: Die Flucht der hl. Familie nach Ägypten, bei der Maria auf einem **blauen Esel** sitzt. Davor führt eine Treppe zur 1987 fertiggestellten **unterirdischen Grablege** der Bischöfe mit Mauerresten des romanischen Atriums hinab.

Wenige Meter weiter fällt die auf einem hohen Sockel stehende Statue des **hl. Petrus** (um 1420) auf. Der Kirchenpatron trägt mit beiden Händen mühelos einen riesigen Schlüssel, darunter fällt sein Gewand in großen, sehr plastisch gearbeiteten Falten zu Boden. Die Skulptur befand sich einst freistehend im Mittelschiff.

› Domplatz 1, www.bistum-regensburg.de (Menü: Bistum/Dom St. Peter), Eintritt frei, tgl. geöffnet: Juni–Sept: 6.30–19, Nov.–März: 6.30–17 Uhr, April, Mai und Okt. 6.30–18 Uhr, an Sonn- und Feiertagen erst ab 13 Uhr.

› **Info- und Servicezentrum,** Domplatz 5, Tel. 5971662, geöffnet: April–Okt. Mo–

Die Regensburger Domspatzen und ihre über 1000-jährige Erfolgsgeschichte

Botschafter der Donaumetropole in aller Welt sind die berühmten singenden „Spatzen" des Regensburger Doms. Ihre Konzerte auf Deutschland- oder Auslandstourneen sind regelmäßig ausverkauft. Immer noch ungebrochener Beliebtheit erfreuen sich die Rundfunk- und Fernsehbeiträge sowie zahllose CD-Einspielungen, die von Weihnachts- und deutschen Volksliedern über Motetten, großen Chorwerken wie Händels „Messias" und Haydns „Schöpfung" bis hin zu Sondervorstellungen für Papst Benedikt XVI. reichen. Mitte des 20. Jh. wurde das Ensemble aus dem Zusammenschluss des Regensburger Domchors und der Regensburger Sängerschule gebildet, doch reicht die Geschichte viel weiter zurück: Bereits 975 gründete Bischof Wolfgang eine Domschule mit musikalisch ausgebildeten Knaben für das Chorgebet und die Liturgie – mit dieser über 1000-jährigen Tradition bilden die „Lausbuben Gottes" den wohl ältesten Kinderchor der Welt. 30 Jahre leitete ihn der Kirchenmusiker Georg Ratzinger, der Bruder des emeritierten Papstes.

Die derzeit rund 400 Knaben besuchen ein eigenes Musisches Gymnasium mit angeschlossenem Internat. Vormittags werden die Schüler nach dem „normalen" Stundenplan eines staatlichen Gymnasiums unterrichtet, nachmittags steht die Gesangsausbildung im Vordergrund.

› ***Konzerte:*** *Die „Spatzen" singen – von Ausnahmen wie etwa Schulferien abgesehen – gewöhnlich jeden Sonntag um 10 Uhr zur Messe im Dom* 1*; aktuelle Tournee- und Veranstaltungstermine unter www.domspatzen.de.*

Sa 9–18, So 13.30–14.30 Uhr, Nov.–März Mo–Sa 10–17, So 13.30–14.30 Uhr, http://domplatz-5.de

› **Domführungen**, http://domplatz-5.de/domfuehrungen, April–Okt. Mo–Sa 10.30 und 14.30, So und feiertags 14.30 Uhr, Nov.–März tgl. 14.30 Uhr, Preis: 6 €, ermäßigt 4 €

› **Meditation** von Ostern bis Oktober Mo–Fr jeweils um 12 Uhr Orgelmusik und Gebet, Dauer: ungefähr 15 Min

EXTRATIPP

Orgelkonzert auf der größten Schwalbennestorgel der Welt

Zu den nachhaltigen Eindrücken eines Dombesuchs gehört ein Konzert auf der 2009 eingeweihten **Hauptorgel** im nördlichen Querhaus. Mit 80 Registern, 5871 Pfeifen und einem Gewicht von 36,7 t ist sie die **größte Schwalbennestorgel der Welt,** die von vier jeweils 30 mm starken Stahlseilen vom Dachstuhl – und nicht wie manchmal vermutet vom Gewölbe – getragen wird. Das von der renommierten österreichischen Firma Rieger konzipierte Instrument ist über einen versteckt eingebauten Aufzug erreichbar und kann von zwei Spieltischen gespielt werden: einem hoch oben bei den Pfeifen in 8,20 m Höhe und einem weiteren im Chor. Am eindrucksvollsten erlebt man den Dom 1 als Gesamtkunstwerk von Architektur, Plastik, Malerei und Musik während eines Orgelkonzerts.

› Die **Regensburger Domkonzerte** finden für gewöhnlich jeden Mittwoch im Juni und Juli um 20 Uhr statt. Eintritt: 5 €. Tickets gibt es im Infozentrum DOMPLATZ 5, bei der Tourist Information im Alten Rathaus 36 und an der Abendkasse, weitere Infos unter http://domplatz-5.de/dom/domorgel.

2 Domschatzmuseum ★★ [F4]

Mehrere Räume der ehemaligen bischöflichen Residenz beherbergen das Domschatzmuseum mit Kunstwerken und liturgischem Gerät aus dem Mittelalter und der Neuzeit. Regensburg war bis in das 18. Jh. ein in Europa herausragendes Zentrum der Goldschmiedekunst, wovon **Bischofsstäbe, Ölgefäße, Reliquiare, Monstranzen** sowie mit Edelsteinen besetzte **Vortragekreuze** und **Lavabogarnituren** für die rituelle Waschung der Geistlichen zeugen. Nähere Betrachtung verdienen daneben das um 1430 datierte **Regensburger Emailkästchen** und das gut 100 Jahre ältere **Schmetterlingsreliquiar,** die beide aus einer französischen Werkstatt stammen. Nach einem Entwurf von Albrecht Altdorfer (s. S. 60) entstand 1534–1540 der sogenannte **Schaumbergaltar** aus Marmor und Solnhofer Kalkstein, der das letzte Gebet und den Tod Mariens darstellt. Ein weiterer Schwerpunkt der Sammlung sind im 1. Obergeschoss kostbare, teilweise mit Seiden- und Goldfäden gefertigte **Messgewänder.**

› Krauterermarkt 3, Zugang über das nördliche Querhaus des Doms, Tel. 57645, www.bistumsmuseen-regensburg.de, Eintritt: 3 €, ermäßigt 1,50 €, geöffnet: Mo–Sa 11–17, So und feiertags 12–17 Uhr

KURZ & KNAPP

Der Dom in Zahlen

Länge innen: 85,40 m
Breite innen: 34,80 m
Höhe des Mittelschiffs: 31,85 m
Höhe der Türme: 105 m
Umbaute Fläche: ca. 3100 m²
Höhe des Sockels: früher 3,40 m, heute bis 2,50 m

3 Domkreuzgang ★★ [G4]

Nur im Rahmen einer Domführung ist der sehenswerte Doppelkreuzgang zugänglich. Der Eingang liegt nördlich des **Domgartens**, der heute von der Dombauhütte genutzt wird. Die Anfänge des Komplexes reichen wahrscheinlich bis ins 8. oder 9. Jh. zurück, im frühen 15. Jh. erhielten die Flügel ein gotisches Kreuzrippengewölbe. Zahllose **Grabplatten** hoher Würdenträger bedecken Boden und Wände des breiten Mitteltrakts, der damit als Mortuarium, also als Begräbnisort, genutzt wurde.

Von hier führt ein Durchlass zum Juwel des Kreuzgangs, zur romanischen, Mitte des 12. Jh. errichteten **Allerheiligenkapelle.** Kunsthistoriker werden nicht müde, den zierlichen Bau wegen seiner harmonischen Proportionen und rhythmischen Gliederung zu rühmen. Auftraggeber dieses von Künstlern aus der Lombardei geschaffenen Sakralraums und Mausoleums war Hartwig II., der sich als erster Regensburger Bischof nicht mehr im Kloster St. Emmeram 17 bestatten ließ. Leider verblassen im Inneren zusehends die **Malereien** zum Allerheiligenfest, u. a. die Errettung der Auserwählten beim Jüngsten Gericht.

Nahezu 100 Jahre älter ist die **Stephanskapelle** am nördlichen Bautrakt, die wohl die Hofkirche der Bischöfe war. An den Wänden des heute kahlen Innenraums reihen sich hohe Rundnischen. In der Apsis steht ein blockartiger, im 10. Jh. oder auch schon früher entstandener **Altar** mit Fensterchen, der vielleicht einst im romanischen Dom für die Liturgie verwendet wurde.

› **Führungen:** Wegen **Restaurierung** und neuer Konzeptfindung finden bis voraussichtlich 2021 keine Führungen statt.

4 St. Ulrich mit Diözesanmuseum ★★ [F4]

Zu den ungewöhnlichsten Sakralbauten des deutschen Mittelalters zählt die ehemalige Dompfarrkirche St. Ulrich. Sie liegt auffällig zwischen dem herzoglichen Römerturm 10 und dem bischöflichen Dom 1, also an der einstigen Nahtstelle von weltlicher und geistlicher Macht.

Die Kirche wurde um 1225 im Zuge der Umgestaltung des Herzogshofs 11 als **Pfalzkapelle** begonnen und ist damit einer der ersten gotischen Bauten in Süddeutschland. Spätestens seit dem Jahr 1263 diente der Bau als **Dompfarrkirche**, bis er diese Funktion 1824 an das Niedermünster 8 abtreten musste; im 19. Jh. sollte die baufällige Kirche sogar vollständig abgerissen werden, was jedoch glücklicherweise nur mit dem Turm und der Vorhalle geschah. Dem beherzten Eingreifen des bayerischen Königs Ludwig I. ist es zu verdanken, dass dieses Kleinod gotischer Architektur erhalten geblieben ist. Ein **Reiterstandbild** dieses Monarchen erhebt sich nur einen Steinwurf entfernt auf dem Domplatz 5.

Die wuchtigen unverzierten Strebepfeiler am **Außenbau** weisen klar auf den frühgotischen Stil hin, das originale **Portal an der Südseite** ist noch der romanischen Tradition verpflichtet. In anrührender Weise zeigt das Tympanon (Bogenfeld) die Himmelfahrt Christi, indem zwei Engel den Heiland auf einem Tuch emportragen. Ursprünglich ist auch die **Fensterrose** über dem Hauptportal, die von der Kathedrale im französischen Laon unmittelbar beeinflusst ist.

Auf eine Planänderung kurz nach Baubeginn geht die heutige Erscheinung des **Inneren** zurück: Über einem

024rb Abb.: jb

gedrungenen Untergeschoss liegt eine ungefähr doppelt so hohe Empore, die sich an allen vier Seiten zu einem schachtartigen Zentralraum öffnet. Die Längsausrichtung der Kirche betonen wiederum zwei große Fenstergruppen in Ost und West – der faszinierende Entwurf eines unbekannten Architekten. An verschiedenen Stellen sind Reste von **Wandmalereien** zu erkennen, welche teils aus der Erbauungszeit stammen, teils auch aus dem 16. und 17. Jahrhundert.

St. Ulrich dient heute als schmucker Rahmen für die reichen Bestände des **Diözesanmuseums.** Die Sammlung umfasst **sakrale Kunst** aus dem Bistum Regensburg vom 11. bis 20. Jh. mit Exponaten wie bronzenen Türziehern, filigranen Messingleuchtern, Tafelgemälden, Holz- und Steinskulpturen sowie liturgischen Geräten aus Elfenbein.

› Domplatz 2, Tel. 51688, Führungen unter Tel. 5972530, www.bistumsmuseen-regensburg.de. Auch nach umfassender **Restaurierung** ist die Kirche mit ihren Kunstsammlungen voraussichtlich 2020 noch geschlossen.

5 Domplatz ★★ [F4]

Reges Treiben herrscht von früh bis spät auf dem L-förmigen **Domplatz,** dessen vor der Hauptfassade der Bischofskirche liegender Teil früher „Petersplatz" genannt wurde. Als nördlicher Abschluss befindet sich hier die äußerlich recht schlichte, ursprünglich für die Taufe genutzte **Stiftskirche St. Johann.** Das zugehörige Kollegiatstift (die Gemeinschaft von Weltgeistlichen, die keiner Ordensregel verpflichtet sind) kann auf eine fast 900-jährige Tradition zurückblicken.

Die frühere karolingische Kirche musste im 14. Jh. dem Neubau des Doms 1 weichen, die barocken Fresken und Stuckornamente im Inneren aus der Mitte des 18. Jh. sind nach einem Brand nur noch in Resten erhalten.

Ein profanes Gegenstück zum Dom ist das etwa 1350 um einen Innen-

Haus Heuport am Domplatz 5: der Stolz früherer Patrizierfamilien

EXTRATIPP

Top-Aussicht auf den Dom

Vom Innenhof des **Hauses Heuport** (s. S. 92) gelangt man über das barocke Treppenhaus zum großen, auch bei Hochzeitsgesellschaften sehr beliebten **Festsaal** im 1. Stock. Von den gotischen, schön mit Maßwerk gestalteten Fenstern genießt man einen erstklassigen Blick auf die grandiose Westfassade der Bischofskirche.

hof errichtete **Haus Heuport** gegenüber. Der Name „Heuport" leitet sich vom Heutor ab, dem einstigen kleinen Nordtor zum jüdischen Viertel, bei dem der Heumarkt war. Gleich einem venezianischen Palazzo erstreckt sich die gotische Schauseite mit der repräsentativen Fensterreihe. Dieses luxuriöse Anwesen – „in bester Geschäftslage" und unmittelbar neben dem geistlichen Zentrum der Stadt – war im Mittelalter im Besitz des Hansgrafen, des Richters für Kaufleute, der bei Streitfällen schlichten musste sowie für ihre Sicherheit zu sorgen hatte.

Etwas eigenwillig ragt im Süden die sogenannte **Residenz** in den Platz. Das als Dompropstei (Verwaltung der äußeren Angelegenheiten eines Domkapitels) errichtete Gebäude diente nur sieben Jahre als Regierungssitz, als hier 1803–1810 Fürstprimas Karl Theodor von Dalberg wohnte (s. S. 60). Nach der Schlacht von Regensburg wählte der siegreiche Napoleon für zwei Tage im April 1809 den klassizistischen kubischen Bau zum Hauptquartier.

› Stiftskirche St. Johann, Am Krauterermarkt 5, geöffnet: im Sommer täglich 6.45–21, im Winter 6.45–19 Uhr

6 Bischofshof ★ [F4]

Nur in wenigen Bischofsstädten liegen Dom 1 als Bischofskirche und Bischofssitz so unmittelbar nebeneinander wie in Regensburg. Und im Gegensatz zu vielen rein katholischen Bischofsstädten wie Bamberg, Salz-

Nicht nur in der warmen Jahreszeit lädt der Bischofshof zum Entspannen und Schlemmen ein

025rb Abb.: jb

burg oder Würzburg kam es in der überwiegend protestantischen Freien Reichsstadt während des Barocks zu keinem imposanten Neubau der bischöflichen Residenz. So hebt sich die weitläufige, aus dem 12.–16. Jh. stammende Vierflügelanlage neben dem Krauterermarkt auch nicht sonderlich repräsentativ von den übrigen Gebäuden der Umgebung ab. Lediglich ein 1904 renovierter Runderker mit einem **Relief** des hl. Wolfgang (s. S. 60) in der nordwestlichen Ecke hebt die Würde des Bischofssitzes nach außen stärker hervor. Wie der Dom „wanderte" auch der Bischofshof mit der Zeit – von Bauphase zu Bauphase – weiter nach Westen. Unverändert blieb dagegen immer die nördliche Begrenzung an der alten römischen Lagermauer, wovon die in den Komplex integrierte Porta Praetoria 7 zeugt. Seit 1825 residieren die Regensburger Bischöfe im ehemaligen adeligen Damenstift Niedermünster 8 östlich des Doms.

Jahrhundertelang diente der Bischofshof auch als Herberge für gekrönte Häupter, seit dem Umbau 1910 zum Hotel (s. S. 129) und Restaurant steht die königliche Stätte jedermann für stilvolles Nächtigen offen. Ein Idyll mit Renaissance-Arkaden und Blick zum Dom ist der rechteckige **Innenhof**, in dem während der Sommermonate auch bayerische Brotzeiten serviert werden. Dort erhebt sich auch der 1980 eingeweihte **Gänsepredigerbrunnen** des niederbayerischen Bildhauers Joseph Michael Neustifter, dessen Sinngehalt – die Gänsepredigt – sich erst bei näherer Betrachtung auch der Rückseite erschließt.

7 Porta Praetoria ★★ [F4]

Das ehemalige Nordtor des Legionslagers ist die beeindruckendste Hinterlassenschaft der Römer in Regensburg und nach der berühmten Porta Nigra in Trier das am besten erhaltene antike Stadttor nördlich der Alpen.

Ein erstes Kastell vollendeten die Römer um 80 n. Chr. im heutigen Regensburger Stadtteil Kumpfmühl. Nach dessen Zerstörung errichteten sie gut ein Jahrhundert später (179 n. Chr.) unmittelbar an der Donau, im Zentrum der heutigen Altstadt, ein fast 25 ha großes **Militärlager**, zu dem auch eine im Westen gelegene **Zivilsiedlung** gehörte.

026rb Abb.: jb

Die stattliche Porta Praetoria

Auf römischen Spuren in Regensburg

Neben der ***Porta Praetoria*** *7 kann man in Regensburg noch weitere Abschnitte der „Römermauer" sehen, das* ***„document Legionslagermauer":***

- ***St.-Georgen-Platz*** *[G4]: Die Rundung der Mauer markiert mit zahlreichen, doch nicht in originaler Schichtung liegenden Blöcken die einstige Nordostecke des Lagers. Die zierlichen romanischen Fenster rechts daneben gehören zur Kapelle St. Georg und Afra aus dem 12. Jh.*
- ***Parkhaus am Dachauplatz (Untergeschoss):*** *Den wohl besten Eindruck von der Mächtigkeit der früheren Lagermauer vermittelt dieses etwa 70 m lange und in den unteren Steinlagen original erhaltene Teilstück, das 2013 renoviert wurde. Gegenüber befindet sich an der Wand ein Touchscreen-Monitor, der mit einem Kurzfilm die Geschichte des Militärlagers erklärt – sehr lohnenswert (s. S. 121).*
- ***Ernst-Reuter-Platz*** *[G6]: Vor der gerundeten Südostecke des Lagers erkennt man hier Reste einer Zwingermauer mit Türmchen (14. Jh.). Der Befund ist ein klarer Hinweis darauf, dass an dieser Stelle die antike Mauer auch für den Verlauf der mittelalterlichen Stadtmauer von Bedeutung war.*

Römerfans seien auch folgende Optionen empfohlen:

- ***Historisches Museum*** *15: Wichtigstes Ausstellungsstück ist ein etwa drei Meter langes, aus zwei großen Steinquadern bestehendes Teilstück der Inschrift des Römerlagers aus dem Jahr 179 n. Chr.*
- ***Velodrom beim Arnulfsplatz:*** *In dem Theater sind in einem verglasten Schauraum unter dem Foyer die Reste eines römischen Hauses konserviert. Interessant ist die teilweise rekonstruierte Fußbodenheizung, das sogenannte Hypokaustum. Der Ort kann nur bei Veranstaltungen besucht werden (s. S. 100).*
- ***„document Niedermünster"*** *8* ***„document Neupfarrplatz"*** *20. Hier haben sich nur geringe, wenig eindrucksvolle Reste von Böden der Truppenunterkünfte erhalten.*

In diesem Lager war die Dritte Italische Legion stationiert, die im Idealfall eine Stärke von 6000 Soldaten hatte und die Donaugrenze gegen Einfälle feindlicher Germanen bewachte. Dieses 540 x 450 m große Legionslager bestand aus vielen rechteckigen Parzellen, die durch zwei sich kreuzende Haupt- und zahlreiche Nebenstraßen entstanden. Zum Schutz erbaute man eine ungefähr 8 m hohe Mauer, die aus kolossalen Steinquadern bestand und durch 22 Mauertürme verstärkt wurde. Der weitaus größte Teil der Innenbebauung wie Kommandantur *(principia)*, Lazarett, Säulenhallen, Thermen und Truppen-Wohnquartiere befanden sich in bis zu 6 m Tiefe unter dem heutigen Straßenniveau. Deren **antike Mauerreste** treten heute lediglich an einigen Stellen offen zutage.

Das einzige, zumindest **teilweise erhaltene Lagertor** ist die Porta Praetoria in der Mitte der ehemaligen Nordmauer. Etwa 1 m unter dem heutigen Pflaster führte von ihr die gerade Lagerhauptstraße *(via praetoria)* nach Süden. Das Tor erfüllte lange Zeit nach Abzug der Römer im 5. Jh. noch seine Funktion und wurde im frühen Mittelalter aufgrund der Nähe zur Donau als *porta aquarum* („Wassertor“) erwähnt. Im 12. Jh., nach anderer Forschermeinung auch erst im 17. Jahrhundert, integrierte man den Bau in den Bischofshof **6**. Die Porta Praetoria geriet daraufhin in Vergessenheit und wurde erst 1885 beim Abbruch eines Brauhauses wiederentdeckt.

Von den ehemals zwei vermutlich 20 m hohen **Flankentürmen** ist nur der östliche, heute mit einer Höhe von 11 m, erhalten. Zahlreiche Ausbesserungen und Löcher in den zentnerschweren Kalksteinblöcken sind deutliche Hinweise auf die lange und wechselvolle Nutzung des Bauwerks. Das erste Obergeschoss lockern fünf Rundbogenfenster auf, das zweite ist Teil des Hotels Bischofshof am Dom (s. S. 129). Von den zwei **Tordurchfahrten**, die der Straße den Namen „Unter den Schwibbögen“ [F/G4] gaben, ist eine der beiden immer noch durch unregelmäßiges Mauerwerk verbaut. In der Antike konnte man die Öffnungen wahrscheinlich mit hölzernen Türflügeln verschließen.

› Unter den Schwibbögen, unmittelbar nördlich des Bischofshofs.

8 Niedermünster ★★ [G4]

Die Dompfarrkirche Niedermünster mit dem Grab des hl. Erhard zählt zu den wichtigsten und ältesten Gotteshäusern Regensburgs. Ihre drei Vorgängerbauten gehen bis in das frühe Mittelalter zurück.

Östlich des Domgartens weisen zwei romanische Türme und eine mächtige Vorhalle den Weg zum Niedermünster. Bereits in der Zeit der Agilolfinger gab es hier um 700 eine schlichte Saalkirche, die wahrscheinlich als Pfalzkapelle der bayerischen Herzöge diente. Als Gründer von sieben Kirchen und mehrerer Klöster wirkte am Hof damals der französi-

Die Dompfarrkirche Niedermünster mit ihren Rundbogenfenstern – ein Juwel der Romanik

027rb Abb.: jb

EXTRATIPP

document Niedermünster – eine 2000-jährige Zeitreise

Gäbe es einen Wettbewerb für die originellste und verständlichste Vermittlung komplizierter Baubefunde, das document Niedermünster im Niedermünster (8) würde gewiss als Sieger hervorgehen! Bei Grabungen in den Jahren 1963–1968 legten Archäologen in **einer der größten Kirchengrabungen Deutschlands** auf einer Fläche von 600 m² neben vielen Kleinfunden auch Reste des römischen Legionslagers und der drei Vorgängerbauten der heutigen Basilika frei. Das Besondere dabei: Die zahlreichen übereinander gelagerten Mauerteile werden mithilfe **modernster Technik** in unterschiedlichen Farben beleuchtet. Auf diese Art und Weise wird die zeitliche Abfolge der einzelnen Gebäude schlüssig erklärt. Drei **Kurzfilme** zum Legionslager, zu den Kirchen im frühen Mittelalter und zum Grab des hl. Erhard (s. S. 27) ergänzen die lebendigen Ausführungen der Guides – ein echter Geheimtipp.

› **Führungen** durch die archäologischen Ausgrabungsstätten im Untergeschoss finden So/Mo und feiertags ab 14.30 Uhr statt. Eine Voranmeldung unter Tel. 5971662 ist sinnvoll, da die Besuchergruppen auf 15 Personen begrenzt sind. Eintritt: 6 €, ermäßigt 4 €, Treffpunkt und Ticketverkauf am Infozentrum DOMPLATZ 5 (s. S. 19), www.bistum-regensburg.de (Menü: Kunst&Kultur/Diözesanmuseen).

sche Missionar und Wanderbischof **Erhard von Regensburg.** Nach seinem Tod wurde er unmittelbar an der Nordwand des Gebäudes bestattet.

Sein **Grab** bildete fortan den Bezugspunkt für alle weiteren Nachfolgebauten: so für die Kirche aus der Zeit Karls des Großen (768–814) und für eine Basilika im 10. Jh., die schon fast die Ausmaße des heutigen Gotteshauses hatte. Mitte des 11. Jh. errichtete man die heutige Kirche, deren romanische Formen trotz späterer Barockisierung glücklicherweise noch gut zu erkennen sind.

Spätestens seit karolingischer Zeit diente der gesamte Komplex als **Damenstift,** in dem adelige unverheiratete oder verwitwete Frauen u. a. für das Seelenheil der Stifter an bestimmten Jahrestagen beteten. Anders als in Klöstern mit strenger Regel führten sie jedoch ein für damalige Verhältnisse recht **lockeres Leben:** Im Gegensatz zur Äbtissin konnten die auch Kanonissen genannten Damen jederzeit aus dem Stift austreten und heiraten. Sie durften den Stiftsbezirk verlassen und brauchten auf ihren gewohnten hohen Lebensstandard mit Dienerinnen nicht zu verzichten. So konnten sie – welch ein Luxus – in weichen Federbetten schlafen und auf der Straße Schmuck und Schminke tragen! Wen wundert es, dass dieser Lebenswandel dem hl. Wolfgang (s. S. 60) und weiteren Regensburger Bischöfen ein Dorn im Auge war. Trotzdem oder vielleicht gerade deshalb wählte Mitte des 10. Jh. **Herzog Heinrich I.** das Stift als seine **Familiengrablege.** 1002 wurde die Einrichtung sogar reichsunmittelbar, war also bis zur Säkularisation 1803 einzig und allein dem Kaiser untertan. Seit 1821 dient der Sakralbau als Dompfarrkirche. Der Dompfarrei in der Altstadt gehören gegenwärtig rund 3000 Katholiken an.

Nach Durchschreiten des **barocken Westportals** steht man zunächst und ganz unvermutet in einer großen **Vor-**

halle, deren Wände mit **Grabplatten** von Äbtissinnen verkleidet sind.

Im **Inneren** der dreischiffigen Basilika richtet sich der Blick zunächst auf die barocken Einbauten, besonders die Seitenaltäre und den **Hochaltar** (um 1763) aus rotem und grauem Marmor mit Darstellung der Himmelfahrt Mariens. Ungleich interessanter ist die dreiteilige gotische, an einen **Baldachin** erinnernde Architektur im nördlichen Seitenschiff: Rechts sticht ein Reliquienschrein hervor, in dem die **Schädeldecke des hl. Erhard** in einer Silberkapsel ruht. Darunter sieht man die liegende **Steinfigur des Bischofs**, die die Stelle des Grabes darunter markiert. Zum Niedermünster gehören auch die weitläufigen Gebäudetrakte im Norden. Diese wurden 1720 als Stiftsgebäude errichtet und dienen seit 1825 als **Bischöfliches Ordinariat** und als **Bischofswohnung.**

› Niedermünstergasse 3, Tel. 5971090 (Dompfarramt), http://dompfarrei-regensburg25.stkluck.de, geöffnet bis zum Einbruch der Dunkelheit

9 Alter Kornmarkt ★★ [G4]

Der große, von den vielen geparkten Autos verunstaltete Platz lässt die frühere Bedeutung dieses Ortes kaum erahnen. Hier befanden sich über viele Generationen die Pfalzen von Herzögen, Königen und Kaisern, hier breitete sich quasi das Regierungsviertel im frühen und hohen Mittelalter aus.

Auf dem Alten Kornmarkt wurde bis etwa 1830 Getreide gehandelt, ehe man dafür den Haidplatz 31 nutzte, daher der Namenszusatz „alt“. Ursprünglich hieß dieser immer wieder veränderte Platz der weltlichen Herrschaft Herzogshof 11, womit die einstige Funktion als weltliches Machtzentrum – unweit des Doms 1 und Bischofshofs 6 als geistlichem Mittelpunkt – deutlich wird.

Im Schutz der starken Mauern des alten römischen Kastells richtete spätestens der bayerische Herzog Theodo II. (680–717) aus dem Geschlecht der Agilolfinger hier seine Pfalz, also seine Residenz, ein. Zunächst diente das **Niedermünster** 8 als Pfalzkapelle. Nach dem Sturz von Tassilo III. durch Karl den Großen 788 traten die Karolinger das agilolfingische Erbe an: Die Herzogspfalz wandelte sich zur Königs- und Kaiserpfalz. Karl weilte während des Kriegs gegen die Slawen und Awaren häufiger an der Donau, doch eine dauerhafte Residenz wurde Regensburg erst unter seinen Nachfolgern. **Ludwig der Deutsche** (825–876), König der Bayern und des Ostfränkischen Reichs, ließ die Gebäude in zuvor nie gekannter Pracht und Größe ausbauen: Neben dem Wohnpalast befanden sich eine Schule und ein stattlicher Pfalzsaal für die Reichsversammlungen.

Damals errichtete man auch eine neue Kapelle, die heutige Alte Kapelle 13. Eine letzte große Blüte erlebte der **Herzogshof** 11 nach 1080 unter den ersten beiden Herzögen aus dem Haus der Wittelsbacher, Otto I. und seinem Sohn Ludwig I. der Kelheimer.

10 Römerturm ★ [G4]

Der imposanteste Rest der frühmittelalterlichen Pfalz ist der wehrhafte, 28 m hohe **Römer- oder Heidenturm.** Sein unterer Teil ist aus massigen Granitquadern des einstigen Römerlagers geschichtet. Die oberen, aus Bruchsteinen errichteten Geschosse mit spärlichen Fensteröffnungen stammen von Umbaumaßnahmen nach einem Stadtbrand im Jahr 1152. Da die Mauern stattliche 4 m dick sind, vermutet man in dem trutzigen Bauwerk die frühere Schatzkammer und Münzstätte. Als einziger der mittelalterlichen Geschlechtertürme (s. S. 44) weist der Römerturm auch eine Heizung auf. Es wird daher angenommen, dass der Turm als Bergfried, also Wehr- und Wohnturm, der Pfalz genutzt wurde.

11 Herzogshof ★ [G4]

Ein Schwibbogen leitet über die Domstraße zum **Herzogshof** über, der maßgeblich auf die Bautätigkeit unter Ludwig I. den Kelheimer zurückgeht. Der Gegensatz der verputzten und gelb gestrichenen Fassade mit ihren Vor- und Rücksprüngen zu den steinsichtigen Mauern des Römerturms 10 könnte kaum größer sein. 1936 wurde der größte Teil der vierflügeligen Residenz abgebrochen, erhalten hat sich nur der sichtbare und durchgreifend veränderte Ostflügel (um 1220). Der romanische, rund 200 m² große Pfalzsaal im 1. Obergeschoss, der sogenannte **Herzogssaal,** war Vorläufer des Reichssaals im Alten Rathaus 36 und kann heute für Veranstaltungen gemietet werden.

› Domplatz 3, nur mit Sondererlaubnis zugänglich, www.herzogssaal.com

12 Karmelitenkirche St. Josef ★ [G4]

Blickfang an der gegenüberliegenden, östlichen Seite des Alten Kornmarkts 9 ist die **Karmelitenkirche St. Josef** des angeschlossenen Klosters. Zur Stärkung der Gegenreformation hatte Kaiser Ferdinand II. die Unbeschuhten Karmeliten 1634 in die protestantische Freie Reichsstadt geholt. Wegen einiger „Startschwierigkeiten" konnte mit dem Bau der Kirche erst 1660 begonnen werden. Die 1673 vollendete **Fassade** stellt sich im reinsten Barockstil dar – nicht zufällig, diente doch die Mutterkirche des Ordens, S. Maria della Scala in Rom, als Vorbild. Überhaupt ist sie die einzige barocke Schaufront in der Altstadt, zweigeschossig und mit ausladenden Voluten an den Seiten akzentuiert.

1810 säkularisiert, wurde das Kloster 26 Jahre später vom frommen König Ludwig I. wiederbegründet. Im Inneren des einschiffigen Gewölbebaus kommen zahlreiche Altäre und sons-

028rb Abb.: jb

Seit über tausend Jahren steht der massive Römerturm 10 in der Altstadt

029rb Abb.: jb

Die Fassade der Karmeliterkirche 12 wurde nach dem Vorbild der S. Maria della Scala in Rom errichtet

EXTRATIPP

Hochprozentiges der „Unbeschuhten"

Seit 1721 stellen die Mönche von St. Joseph 12 ihren **Echten Regensburger Karmelitengeist** her. Das Destillat (75 Vol.-%) kann äußerlich oder innerlich – dann mit Tee oder Wasser verdünnt – verwendet werden und dient zur Linderung von Erkältungen, Magenbeschwerden, Übelkeit, Gliederschmerzen u. v. m. Das traditionelle Rezept mit 12 Kräutern teilen sich zwei Patres. Es ist streng geheim.

› Die Fläschchen sind erhältlich an der **Klosterpforte**, geöffnet: Mo–Fr 8–11 und 14–16, Sa 8–11 und So 8–10 Uhr, Preis: 7 €.

tige Ausstattungsstücke aus anderen Kirchen zur Geltung, so beispielsweise der **Hochaltar** (1695) aus dem regotisierten Dom.

› Alter Kornmarkt 6, geöffnet: im Sommer in der Regel tgl. 6–18.30, im Winter 6–17 Uhr, das Gitter ist meist 11.30–14.30 Uhr geschlossen, www.karmelitenkloster-stjoseph.de

13 Alte Kapelle ★★★ [G4]

Die bereits im 9. Jh. erwähnte Kirche gehört zu den ältesten und ehrwürdigsten Gotteshäusern in Bayern. Kunstgeschichtlich ist sie ein Werk allerersten Ranges, bei dem Architektur, Malerei, Stuckdekor und Ausstattung eine selten erreichte Symbiose finden – bayerisches Rokoko vom Feinsten.

Die südliche Begrenzung des Alten Kornmarkts 9 nimmt die breitgelagerte „Stiftskirche zu Unserer Lieben Frau zur Alten Kapelle" ein. Neben St. Emmeram 17 und dem Niedermünster 8 erhebt sie den Anspruch, das älteste Gotteshaus Regensburgs und damit **Mutterkirche Bayerns** zu sein. Um dabei keinen Zweifel aufkommen zu lassen, berichtet eine Legende, dass der römische Kaiser Konstantin der Große hier 313 ein römisches Fahnenheiligtum in eine Marienkapelle umgewandelt habe. Als gesichert gilt, dass 875 unter Ludwig dem Deutschen eine Pfalzkapelle errichtet wurde. Ihm wird auch die Gründung eines Kanonikerstifts zugeschrieben, das ohne Unterbrechung bis heute als **Kollegiatsstift** (s. S. 31) fortbesteht.

Nachdem die Pfalz im 10. Jh. zeitweise nach St. Emmeram verlegt wurde und die kleine Kirche verfiel, ließ der spätere Kaiser Heinrich II. den Sakralbau 1002 komplett neu erbauen.

KURZ & KNAPP

Regensburger Liebesbriefe

Auch Schülerinnen in einem Kollegiatstift haben nicht immer nur ganz keusche Gedanken. Bekannt wurden die lateinisch geschriebenen „Carmina Ratisponensia“ vom Anfang des 12. Jh. Diese Regensburger Liebesbriefe – insgesamt 68 an der Zahl – schrieben **adelige Mädchen ihren männlichen Lehrern** (!) in Hexametern. Die romantischen Schriftstücke gelten als früheste literarische Beispiele ihrer Gattung auf deutschem Boden.

Damals führte man die romanische dreischiffige Pfeilerbasilika aus, die in ihrer Struktur im Westteil noch erkennbar ist. Wenige Jahre später verlor der Monarch das Interesse an seiner Lieblingsstadt Regensburg und schenkte die Alte Kapelle 1009 dem von ihm gegründeten Bistum Bamberg, wo sie bis zur Säkularisation verblieb. Den Namenszusatz „alt“ bekam die Kapelle zu der Zeit, als die Dompfarrkirche St. Ulrich 4 erbaut wurde. Das einst gewiss ansehnliche Westwerk musste nach **zwei Bränden** im 12. Jh. abgebrochen werden, sodass seitdem der romanische **Glockenturm** wie ein italienischer Kampanile freisteht.

Nach Durchschreiten der **Vorhalle** wird der Besucher von der Pracht des verspielt und heiter wirkenden goldenen Dekors geradezu geblendet. Anlässlich des 750-jährigen Stiftsjubiläums im 18. Jh. scheute man bei der komplett neuen Ausschmückung des fast 60 m langen **Innenraums** im Stil des späten Rokoko keine Mühen und Kosten. Der Bildhauer Simon Sorg schuf den prächtigen **Hochaltar**, an dem die Muttergottes mit dem segnenden Jesus unter einer Laube – flankiert von den Statuen Heinrichs II. und seiner Gemahlin Kunigunde – zu erkennen sind. Szenen aus dem Leben des frommen Kaiserpaares sind auch an den **Fresken** dargestellt. Besonders ansprechend ist die harmonische Komposition des Vierungsfreskos, das Maria als Himmelskönigin inmitten eines Kreises von Heiligen zeigt. Nicht zuletzt der Stuck mit feinstem Rankenwerk und muschelförmigen Ornamenten, sogenannten Rocailles, geben dem Festsaal einen fast himmlischen Charakter.

In der **Gnadenkapelle** verehren Gläubige eine **Marienikone**, vermutlich eine italienische Arbeit des 13. Jh. in byzantinischem Stil.

› Alter Kornmarkt 8, Tel. 57973 (Administration des Kollegiatstifts), www.alte-

030rb Abb.: fo©Mikhail Markovskiy

Eine Vollendung bayerischen Rokokos: die Alte Kapelle mit ihren weiß-goldenen Stuckornamenten

kapelle.de, geöffnet: tgl. ab 6.30 Uhr bis zum Einbruch der Dunkelheit, spätestens 20 Uhr, das Gitter in der Kirche ist nur während der Gottesdienste geöffnet.

14 Neue Synagoge ★ [F5]

Trotz der Zerstörung der Regensburger Synagoge am 9. November 1938 in der Reichspogromnacht und der Deportation und Ermordung der Regensburger Juden in den Konzentrationslagern konnte sich nach dem Krieg wieder eine jüdische Gemeinschaft etablieren. Heute ist die **Zahl der Gemeindemitglieder** auf über 1000 angewachsen.

In über zweijähriger Bauzeit wurde auf dem Gelände der jüdischen Gemeinde eine **neue Synagoge** und ein **Versammlungssaal** nach Plänen des – vor allem für Museumsbauten überregional bekannten – Architektenbüros Staab aus Berlin errichtet. Die feierliche Einweihung fand im Februar 2019 statt – genau **500 Jahre nach der Judenvertreibung** von 1519 (s. S. 41). Der Sakralbau besticht durch seine konstruktive Klarheit und die durch große, weit oben eingelassene Fenster hervorgerufene Helligkeit des Innenraums.

Die Reste der mittelalterlichen Synagoge sind im **document Neupfarrplatz** (s. S. 40) zu sehen.

› Am Brixener Hof 2, Tel. 57093, www.jg-regensburg.de, https://synagoge-regensburg.de

15 Historisches Museum mit Minoritenkirche ★★★ [G5]

Unter den zahlreichen Sammlungen der Stadt sticht das Stadtmuseum allein schon aufgrund der Fülle hochkarätiger Objekte von der Steinzeit bis in das 19. Jh. heraus. Den wunderschönen Rahmen dafür bildet das ehemalige Franziskanerkloster, zu dem auch ein Kreuzgang und die Minoritenkirche St. Salvator – ein überwältigender gotischer Sakralraum – gehört.

Die Franziskaner, auch „Minoriten“ oder „Barfüßer“ genannt, kamen 1221 noch zu Lebzeiten des hl. Franziskus von Assisi nach Regensburg. Aufgrund ihres streng praktizierten Armutsideals und ihrer selbstlosen Seelsorgetätigkeit erlangten sie schnell die Gunst von Bürgern, Herzögen und Königen und damit auch umfangreiche Stiftungen, insbesondere den für den Bau eines Klosters notwendigen Grundbesitz. Aus einer ihnen übereigneten Salvatorkapelle entwickelte sich während des 13. Jh. einer weitläufiger Konvent mit zwei Kreuzgängen, in dem u. a. der berühmte Berthold von Regensburg (s. S. 60) wirkte. Etwa 1250–1286 entstand die **Kirche** als riesige, aus drei Schiffen bestehende Basilika mit weiten **Arkaden** im frühgotischen Stil. Nach gut drei Generationen wurde der Chor zu klein und Mitte des 14. Jh., zur Zeit der Spätgotik, noch imposanter neu errichtet. Die Wände sind fast komplett durch hohe, einst farbige **Maßwerkfenster** aufgelöst, wodurch sehr viel Licht in das Innere dringt – ein Raum mit selten erreichter Strahlkraft und Atmosphäre. Die auffallend vielen **Epitaphien** (Grabdenkmäler) im gesamten Innenraum wurden erst im 20. Jh. aufgestellt, denn die Minoritenkirche ist Teil des 1931 gegründeten **Historischen Museums.**

Die einzelnen auf drei Geschosse verteilten Abteilungen zur Kultur und Geschichte Regensburgs und Ostbayerns wurden vor wenigen Jahren didaktisch neu konzipiert.

Der Rundgang beginnt im **Erdgeschoss** mit einem **Stadtmodell** und archäologischen Funden zur Vor- und Frühgeschichte, vor allem zu den **Kelten.** Einen breiten Raum nehmen Kunstwerke, Grabsteine, Alltagsgegenstände und ein Münzschatz aus dem **römischen Regensburg** vom 1.–5. Jh. ein. Bemerkenswert ist der auf eine Steinplatte gemeißelte Text aus dem Römerlager (179 n. Chr.), der als Gründungsinschrift Regensburgs gilt.

Vor allem auch für Kinder und Jugendliche werden Themen wie römische Berufe, Verkehrsnetz und Religion anschaulich vermittelt. Aufschlussreich ist das **Modell der Porta Praetoria** 7 während der Erbauung mit großen Kränen.

Originale **Skulpturen vom Dom** 1 sind in Räumen mit Kreuzrippengewölben effektvoll präsentiert.

Im **1. und 2. Obergeschoss** spannen Tafelbilder, Altarretabeln, Wandteppiche, Holz- und Steinskulpturen und viele andere Kunstwerke einen großen Bogen vom Mittelalter über die Barockzeit bis zum Historismus. Hervorgehoben seien die Fragmente von **Glasmalereien** aus dem Chor der Minoritenkirche (um 1360) und der ausladende **Passionsaltar** (um 1500) aus einer Passauer Werkstatt. Oft in Publikationen abgebildet ist die berühmte **Badeszene** von Albrecht Altdorfer (s. S. 60), die der Regensburger Künstler um 1535 für die Privatgemächer des Bischofshofs am Dom (s. S. 129) malte. Das Fresko zeigt einen älteren bärtigen Mann, der sich ganz ungeniert einer barbusigen jungen Schönen genähert hat. Von Altdorfer und anderen Malerkollegen sind auch einige **Gemälde der Donauschule** ausgestellt. Bei dieser Kunstrichtung am Übergang von Spätgotik zur Renaissance sind die biblischen Szenen in eine vom bayerischen und österreichischen Donautal inspirierte Landschaft eingebettet.

› Dachauplatz 2–4, Tel. 5072448, www.regensburg.de (Menü: Kultur/Museen/Historisches Museum), Eintritt: 5 €, ermäßigt 2,50 €, geöffnet: Di–So und feiertags 10–16 Uhr

16 Maximilianstraße ★ [G5]

Die gerade verlaufende Maximilianstraße hebt sich aus dem Gassengewirr durch ihre Länge von rund 600 m und die ungewöhnliche Breite entscheidend ab. Vom Hauptbahnhof führt sie nach Norden durch die Fürst-Anselm-Allee (s. S. 73) mitten in die Altstadt bis kurz vor den Alten Kornmarkt 9. Wie kommt es zu so einer Schneise in der historisch gewachsenen Bausubstanz?

1809 belagerten die Truppen Napoleons das von den Österreichern besetzte Regensburg und schossen dabei mit den Geschützen das ganze Wohngebiet zwischen dem heutigen Ernst-Reuter-Platz und der Schwarze-Bären-Straße [F5] bzw. Drei-Kronen-Gasse [G5] in Schutt und Asche. Kurz danach plante man auf dem Reißbrett die nach dem bayerischen König Maximilian I. benannte Straße, die im 19. Jh. zum Prachtboulevard werden sollte. Trotz einiger Verschönerungsmaßnahmen in jüngerer Zeit spüren Passanten vom alten Glanz der „Maxstraße" wenig. Dennoch lohnt es sich, einmal über diese Hauptverkehrsader mit ihren Geschäften, Eisdielen und Restaurants zu schlendern und zwei Bauwerke näher zu betrachten: das zwischen 1889 und 1891 errichtete **Park Hotel Maximilian** (Hausnummer 28, s. S. 130) und das 1911 eröffnete Jugendstilhaus **Café Fürstenhof** (Nr. 4).

031rb Abb.: fo©Mikhail Markovskiy

17 Basilika St. Emmeram ★★★ [E6]

Unter den vielen Schätzen Regensburgs nimmt die ehemalige Reichsabtei St. Emmeram eine herausgehobene Stellung ein. Das Benediktinerkloster war im Mittelalter ein kulturelles Zentrum von europäischem Rang, die zugehörige Basilika zählt zu den ältesten Kirchen in Deutschland. Von der einstigen Bedeutung zeugen noch eine Fülle von Adelsgräbern, drei Krypten und der reiche Barockdekor der berühmten Brüder Asam (s. S. 83).

Nachdem sich das Grab des **hl. Emmeram** (s. S. 35) zu einem beliebten Pilgerziel entwickelt hatte, entstand an dieser Stelle um 780 in karolingischer Zeit eine erste Klosterkirche. Zu einem politischen und kulturellen Zentrum des ostfränkischen Reichs entwickelte sich die Abtei im 9. Jh. unter Kaiser Arnulf von Kärnten, der im Norden eine stattliche Pfalz errichten ließ. Die besondere Würde der Äbte von St. Emmeram zeigt sich nicht zuletzt darin, dass sie 739–975 zugleich die Bischöfe von Regensburg waren. Die Klosterpfalz bestand bis zum Stauferkönig Konrad IV., auf den 1250 in der Abtei ein erfolgloser **Mordanschlag** verübt wurde und der deshalb die Gebäude abbrechen ließ – Drahtzieher des Komplotts war der Abt von St. Emmeram! 1166 führte ein verheerender Brand zum Neubau der Basilika und der danebenliegenden Pfarrkirche St. Rupert.

Während des 16. Jh. entwickelte sich der Konvent mit seiner stetig wachsenden Bibliothek zu einem Zentrum des Humanismus. An dieser Klosteruniversität wirkte u. a. Johannes Turmair alias Aventinus. Ein

⌃ *Himmlischer Barock: die prächtige Basilika St. Emmeram*

Leben und Leiden des hl. Emmeram

Der Lebensbeschreibung des Freisinger ***Bischofs Arbeo*** *zufolge soll der aus dem fränkischen Reich stammende Bischof Emmeram um 670 einige Jahre am Hof des bayerischen* ***Herzogs Theodo I.*** *gewirkt haben.*

Eines Tages vertraute sich dessen Tochter Uta dem Geistlichen an, dass sie von einem Beamten ein uneheliches Kind erwarte. Um Uta vor dem Zorn ihrer Familie zu schützen, riet Emmeram ihr, sie solle Emmeram selbst als Vater angeben.

Der Aufbruch zu einer schon früher geplanten Romreise wurde ihm dann zum Verhängnis, da sie als Schuldbekenntnis und Flucht gedeutet wurde: Lantpert, der Bruder Utas, stellte mit seinen Getreuen Emmeram bei Kleinhelfendorf (südlich von München) und ließ ihn grausam martern, indem er ihn auf eine Leiter binden, bei lebendigem Leib einzeln die Gliedmaßen abschneiden und schließlich köpfen ließ.

Dem ***Martyrium Emmerams*** *folgte ein 40-tägiger Regen, der Theodo zur Buße veranlasste. Der Herzog ließ den Leichnam nach Regensburg überführen und ihn in der Krypta der alten St.-Georgs-Kirche feierlich bestatten, aus der sich in der Folge ein beliebtes Pilgerziel und das Kloster St. Emmeram* **17** *entwickelte. Die moderne Forschung sieht als historischen* ***Hintergrund der Legende*** *die politische Rivalität zwischen dem fränkischen Königshaus und den Agilolfingern (s. S. 112), indem man der bayerischen Herzogsdynastie einen Bischofsmord angehängt hatte. Für die katholische Kirche wiederum ist Emmeram ein Heiliger par excellence, der fremde Schuld freiwillig auf sich nimmt und dafür sogar sein Leben gibt.*

Großbrand legte 1642 das Gotteshaus in Schutt und Asche, das fast ein Jh. später, 1731–1733, sein heutiges spätbarockes Kleid erhielt. 1810 wurde Regensburg dem Königreich Bayern einverleibt und darauf das Kloster säkularisiert.

Die nun leerstehenden Gebäude übereignete man 1812 den Fürsten von Thurn und Taxis (s. S. 37), die den riesigen Komplex in ein repräsentatives Schloss **18** umwandelten.

Den **Emmeramsplatz** überragt der weithin sichtbare, freistehende **Glockenturm**, der im 16. Jh. als Zeichen der Gegenreformation neu ummantelt sowie mit Statuen und großen Uhren dekoriert wurde. Die Würde und das Alter des Klosters betonen die scheinbar alten „romanischen" Rundbogenfenster. Man betritt das etwas unübersichtliche Areal durch eine gotische **Torwand** mit zwei Spitzbogenportalen aus dem 13. Jh., ein Rest der ehemaligen Vorhalle. Idyllisch mutet der anschließende **Vorgarten** an, den ein Kruzifix und Gräber an den Wänden begrenzen. „Der Mensch ist eine Seifenblase, kaum geboren fangen wir an zu sterben (...)" kann man rechter Hand auf der lateinisch beschrifteten **Grabplatte des Aventinus** lesen. Der streng dreinblickende Humanist ist an seinem breiten Barett und den drei großen Büchern, auf die er sich stützt, leicht zu erkennen.

Den Auftakt zur eigentlichen Basilika macht eine weite **Vorhalle** mit einem figurengeschmückten Doppelnischenportal (11. Jh.). Seitlich führt ein

Durchgang in die **Pfarrkirche St. Rupert**, die wahrscheinlich eine bürgerliche Stiftung des 12. Jh. ist. Mit Durchschreiten des Portals links folgt schlagartig ein Zeitsprung von der gedrungen wirkenden Romanik in den verspielten Spätbarock: Gleich einem prunkvollen Festsaal verzierten die Brüder Cosmas Damian und Egid Quirin Asam 1731–1733 das **Langhaus** mit feinsten Malereien und Stuckaturen (s. S. 83). Unweigerlich ziehen die farbenprächtigen, goldgerahmten **Fresken** den Blick nach oben. Das Hauptfresko an der gewölbten Decke stellt das Martyrium der Christen dar, das stark nachgedunkelte Bild am **Hochaltar** die Leiden des hl. Emmerams (s. S. 35) mit der Leiter. **Bischofs- und Adelsgräber** reihen sich in den Seitenschiffen aneinander, besonders edel wirkt vorne links das der Hemma, der Gemahlin von König Ludwig dem Deutschen (um 1280).

Vom nördlichen Nebenchor führt eine Treppe hinunter zum ältesten Teil der Kirche, der stimmungsvollen **Ringkrypta** aus dem 8. Jh. Der tonnengewölbte Gang mit Resten von Wandmalereien führt halbkreisförmig um das Grab des hl. Emmeram, das direkt unter dem Hochaltar liegt. Von hier zweigt auch ein Durchlass zur **Ramwoldskrypta** ab, benannt nach einem Abt des 10. Jahrhunderts.

KLEINE PAUSE

Relaxen im Schlosscafé
Schmerzen die Beine vom langen Stehen in Basilika und Schloss, dann ist vielleicht das angenehme Café Antoinette vor dem Marstallmuseum mit vielen Pflanzen und großen Fenstern genau das Richtige. Neben Torten und Kuchen sind auch Snacks und kleine Brotzeiten im Angebot (s. S. 95).

Am anderen Ende der Basilika sollte man unbedingt noch das im 11. Jh. angebaute und später vom Langhaus abgetrennte **Westquerhaus** besichtigen. Trotz etlicher barocker Zutaten ist die Monumentalität und Großartigkeit dieses mittelalterlichen Raums noch spürbar. Zum Schönsten von St. Emmeram gehört die darunter liegende romanische **Wolfgangskrypta**. Die letzte Ruhestätte des 994 verstorbenen Missionars und Bischofs von Regensburg bezaubert durch den rhythmischen Schwung der säulengestützen Gewölbe.

› Emmeramsplatz 3, www.st-emmeram-regensburg.de, geöffnet im Sommer Mo–Sa 10–18, So 12–18 Uhr, im Winter Mo–Sa 10–17, So 12–17 Uhr, keine Besichtigung während der Gottesdienste, Pfarrkirche St. Rupert: geöffnet wie St. Emmeram, Ringkrypta und Ramwoldskrypta: nur mit Führung (April–Okt. So 14.30 Uhr) zugänglich, Anmeldung über Infozentrum DOMPLATZ 5, Tel. 5971662

18 Fürstliches Schloss Thurn und Taxis ★★★ [E6]

Das Schloss Thurn und Taxis vereint die Geschichte eines der wichtigsten Klöster Bayerns mit der eines traditionsreichen, einst europaweit agierenden Adelsgeschlechts. Hochkarätigen Kunstgenuss und fürstlichen Glanz verspricht ein Rundgang durch die zahlreichen Prunkräume.

Die ideale Ergänzung einer Besichtigung der Basilika St. Emmeram 17 ist eine Führung durch das Schloss Thurn und Taxis, das sich unmittelbar an die Kirche über mehrere Flügel um einen Innenhof erstreckt. 1812 wurde den Fürsten von Thurn und Taxis (s. S. 37) als Entschädigung für das verloren gegangene Postmonopol das zwei Jahre zuvor säkularisierte Benediktinerkloster übereignet. Mehrere Architekten bauten im Laufe des 19. Jh. etliche mittelalterliche Gebäudetrakte um. Höhepunkt dieser Modernisierung war 1883–1888 der komplette Neubau des mächtigen Südflügels im Stil der Neurenaissance. Mit über 500 Räumen ist das in Privatbesitz befindliche Anwesen das größte bewohnte Schloss in Deutschland, zu dem auch ein fast 5 ha großer **Park** gehört, der für die Öffentlichkeit geschlossen ist.

Zu Beginn der Führung hält man im weitläufigen **Schlosshof** inne, dessen repräsentative Fassaden den stimmungsvollen Rahmen für die alljährlichen Festspiele im Juli und für den Weihnachtsmarkt darstellen. Seit 1889 erhebt sich in der Mitte der Kurfürsten- oder Kaiserbrunnen.

Die Fürsten von Thurn und Taxis – eine Karriere im Heiligen Römischen Reich

Das aus einem Dorf bei Bergamo stammende ***italienische Geschlecht Tasso*** *(= Dachs) hatte sich schon früh durch Kurierdienste in der Lombardei einen Namen gemacht. 1490 richtete Francesco Tasso für Kaiser Maximilian I. eine* ***ständige Postroute*** *zwischen Innsbruck und Brüssel und dann weiter nach Wien und Madrid ein, womit der steile Aufstieg der später Taxis genannten Familie begann. Der Clou: Am gesamten, ständig erweiterten Streckennetz wurden in regelmäßigen Abständen* ***Poststationen*** *errichtet, an denen Pferde und Reiter ausgewechselt wurden. Die Schnelligkeit der übermittelten Botschaften erhöhte sich dank der reibungslosen Organisation schlagartig von etwa 25 km auf rund 170 km pro Tag! Mit der Erhebung in den Grafenstand 1624 brauchten die Taxis hochrangige Adelige als Vorfahren, die man kurzerhand im* ***Mailänder Geschlecht der Torriani*** *bzw. della Torre (= Turm) fand. Trotz dieses genealogischen Irrtums bürgerte sich der altertümliche Name Thurn und Taxis ein, und der Turm wurde neben dem Dachs in das Familienwappen aufgenommen.*

Mit der Ausweitung des Postwesens über weite Teile Europas erfolgte der ***gesellschaftliche Aufstieg*** *und der* ***wirtschaftliche Reichtum.*** *Nach dem Ende des Dreißigjährigen Kriegs, das mit Thurn und Taxischen Posthörnern verbreitet wurde, kamen regelmäßig* ***Kutschen*** *zum Einsatz. Weitere Sprossen in der Karriereleiter waren 1695 die Erhebung in den erblichen Fürstenstand und schließlich 1748 der* ***Posten des Prinzipalkommissars,*** *womit die Thurn und Taxis ständige Vertreter des Kaisers beim Immerwährenden Reichstag (bis 1806) in Regensburg wurden. Heutiges Familienoberhaupt ist nach dem Tod seines Vaters Johannes (1990) der 1983 geborene* ***Albert von Thurn und Taxis.*** *Der Unternehmer und Profirennfahrer galt einst als einer der jüngsten Milliardäre der Welt und ist einer der größten Wald- und Grundbesitzer Europas. Seine Mutter,* ***Fürstin Mariae Gloria von Thurn und Taxis,*** *führte bis 2001 die Vormundschaft für Alberts Haus- und Stammvermögen und sanierte durch den Verkauf der T&T-Bank, der Brauerei und weiterer Unternehmen und Beteiligungen das Familienunternehmen.*

Den Südflügel betritt man durch das **Marmortreppenhaus** – eines von insgesamt 14 im ganzen Schloss. Effektvoll kontrastieren die verschiedenen Marmorsorten aus Österreich, Belgien und Italien miteinander. Im **Großen Speisesaal** fanden ab Ende des 19. Jh. unter einem kostbaren Lüster die privaten Feste der Fürstenfamilie statt. Eine Augenweide mit tropischen Pflanzen ist der **Wintergarten**, dessen Wandmalereien Frühling, Sommer und Herbst abbilden.

Drei Fürsten von Thurn und Taxis bekleideten 1748–1806 das Amt des kaiserlichen Vertreters, des sogenannten Prinzipalkommissars. Ihnen diente das **Thronzimmer** mit dem vergoldeten Stuhl unter dem hohen Baldachin für feierliche Empfänge und Huldigungen. Höhepunkt unter den vielen Prunkräumen ist der imposante **Ballsaal (Weißer Saal)** mit grazilen Ornamenten im Stil des Rokoko. Die Verkleidung wurde 1890 vom ursprünglichen Standort, dem fürstlichen Palais in Frankfurt, nach Regensburg gebracht und hier eingebaut. Die gläsernen Lüster wurden (damals hochmodern) elektrisch beleuchtet.

Den Abschluss der Führung macht der berühmte gotische **Kreuzgang** von St. Emmeram, der zu den schönsten Mitteleuropas zählt. Die unterschiedlichen Formen der Kreuzrippengewölbe und die verschiedenen Kapitelle zeugen von der langen Entstehungsgeschichte, die von etwa 1220 bis zum Ende des 14. Jh. reicht.

Zu einer fürstlichen oder königlichen Hofhaltung gehörten früher unbedingt Kutschen und Pferde. Mehrere kunstvoll verzierte „Rolls-Royce des 18./19. Jh." sind im klassizistischen **Marstallmuseum** ausgestellt. Prunkstück der Sammlung ist der Großgalawagen von 1890, der zuletzt 1980 anlässlich der Hochzeit von Fürst Johannes mit Fürstin Gloria durch die Gassen Regensburgs fuhr.

Als Zweigstelle des Bayerischen Nationalmuseums ist im Nordflügel des ehemaligen Marstalls die **Fürstliche Schatzkammer – Museen Thurn und Taxis** zu bestaunen. Überwältigend ist die Fülle kostbarer Exponate wie Waffen, Tafelgeschirr, Uhren, Möbel, Porzellan sowie detailreiche Gold- und Silberpretiosen.

› **Schloss:** Emmeramsplatz 5, Tel. 5048133, www.thurnundtaxis.de, Schloss und Kreuzgang sind nur mit Führung zugänglich, Eintritt: 13,50 €, erm. 11 €, Führungen (90 Min.): Mitte März bis Mitte Nov. tgl. 10.30, 12.30, 14.30, 16.30 Uhr und Mitte Nov.–Mitte März Sa/So und feiertags 10.30, 13.30, 15.30 Uhr. Daneben gibt es auch 60-minütige Kompakt-Führungen. Fotografierverbot in den Prunkräumen und im Kreuzgang.

› **Marstallmuseum** und **Fürstliche Schatzkammer – Museen Thurn und Taxis:** Emmeramsplatz 6, Tel. 5048133, www.thurnundtaxis.de und www.bayerisches-nationalmuseum.de, Eintritt: 4,50 €, ermäßigt 3,50 € (Ticket gilt für beide Sammlungen), geöffnet: April bis Anfang Nov. Mo–Fr 11–17, Sa/So und feiertags 10–17 Uhr, Anfang Nov. bis Ende März Sa/So und feiertags 10–17 Uhr

19 St. Kassian ★ [F5]

Eine der ältesten Kirchen der Stadt ist St. Kassian, deren romanischer Vorgängerbau von einem Nachfahren Karls des Großen im 9. Jh. gestiftet wurde. Ungewöhnlich für den deutschsprachigen Raum ist das Patrozinium, denn der im 4. Jh. lebende Kassian von Imola wurde vor allem in Norditalien verehrt. Der Überlieferung zufolge war er ein Lehrer, der statt der heidnischen Religion das Christentum unterrichtete und dafür von seinen eigenen Schülern mit den Schreibgriffeln erstochen wurde.

Die äußerlich recht unscheinbare Architektur überrascht durch einen prunkvollen **Innenraum**, denn im 18. Jh. wurde das Gotteshaus grundlegend im Rokoko-Stil umgestaltet. Dabei hob man beträchtlich den Fußboden, weshalb das Haupt- und die beiden Nebenschiffe heute sehr gedrungen wirken. Die ausführenden Maler und Stuckateure zeigten ihre Meisterschaft bereits bei der Ausschmückung der Alten Kapelle 13. Die **Fresken** stellen Episoden aus dem Alten Testament, dem Leben Mariens sowie der Kassianslegende dar, das große Bild im Langhaus „Petrus als Menschenfischer" mit einem Netz voller Herzen.

› St.-Kassians-Platz 1, meist 8–18 Uhr

20 Neupfarrplatz ★★ [F4]

Beim Flanieren über den tagsüber recht umtriebigen Neupfarrplatz ist man sich meist nicht bewusst, dass die freie Fläche mit der stattlichen Kirche im Zentrum eine große städtebauliche Wunde darstellt. Denn bis zur Zerstörung infolge eines fürchterlichen Pogroms breitete sich vor fünf Jahrhunderten hier das blühende jüdische Viertel mit Synagoge aus.

Die Erwähnung eines *habitacula judeorum* („Wohnviertel der Juden") in Regensburg um 1010 ist der älteste schriftliche Nachweis einer geschlossenen bzw. abgegrenzten Judensiedlung (Ghetto) in Deutschland. Doch reichen die Wurzeln wahrscheinlich bis in das 8. Jh. zurück.

Die Gemeinde verfügte über **eine Synagoge**, eine Schule, ein eigenes Zivilgericht und einen Friedhof. Im 11. und 12. Jh. war Regensburg aufgrund eines wichtigen jüdischen Lehrhauses, einer Jeshiwa, mit einer Reihe einflussreicher Rabbiner, Dichter

Wo früher das jüdische Viertel lag, befindet sich heute der Neupfarrplatz

032rb Abb.: jb

EXTRATIPP

document Neupfarrplatz

Von 1995 bis 1998 fand auf einer Fläche von rund 3000 m² die bisher **größte archäologische Stadtgrabung** statt. Ein kleiner Teil des Geländes wurde später für die Öffentlichkeit zugänglich gemacht und ist im Rahmen einer Führung zu besichtigen. Bis in 6 m Tiefe liegen die vielfältigen Zeugnisse der langen Geschichte Regensburgs. Älteste Spuren sind **Mauerzüge des römischen Castra Regina,** aus der Zeit des Zweiten Weltkriegs stammt ein **Ringbunker** zum Schutz vor Fliegerbomben. Am aussagekräftigsten sind wohl mehrere mittelalterliche Kellergeschosse jüdischer Wohnhäuser. In einem Pogrom 1519 (s. S. 41) wurde das jüdische Viertel zerstört. Diesem Fundort zugehörig ist auch der umfangreiche Schatz mit 624 Goldmünzen vom Ende des 14. Jahrhunderts. Zu sehen ist eine Kopie; die Originale sind im Historischen Museum 15.

M1 [F4] **document Neupfarrplatz.** Der **Zugang** liegt nördlich der Neupfarrkirche 21, Zutritt ist nur per Führung möglich. Tickets bei Tabak Götz, Neupfarrplatz 3, Tel. 54831, www.regensburg.de (Menü: Kultur/Museen/Städt. Museen), **Führungen** für Einzelbesucher: Do–Sa 14.30, Juli/Aug. zusätzlich auch So/Mo 14.30 Uhr, Eintritt 5 €, ermäßigt 2,50 €.

und Talmudgelehrter eines der herausragenden Zentren der jüdischen Theologie in Deutschland.

Viele Generationen lang lebten Christen und Juden meist friedlich miteinander, beide Bevölkerungsgruppen hatten am blühenden Geistes- und Wirtschaftsleben der Freien Reichsstadt lebhaften Anteil. Doch im späten Mittelalter nahm die antijüdische Stimmung immer mehr zu. Regensburgs wirtschaftliche Prosperität beruhte überwiegend auf dem Transithandel, und dieser ging ab Ende des 14. Jh. kontinuierlich zurück. Je schlechter die wirtschaftliche Lage wurde, desto dringender brauchte man einen Sündenbock. Die antijüdische Stimmung schlug mit der Zeit in blanken Judenhass um. Übersehen wurde gerne die Tatsache, dass die *perfidi Judei* („ruchlosen Juden") außer von der Geldleihe vor allem auch vom Fernhandel profitierten und der wirtschaftliche Niedergang der Stadt auch sie selbst betraf.

Auch in der jüngeren Geschichte ist der Ort Schauplatz für wichtige Ereignisse der Stadtgeschichte gewesen. So wurde hier nach dem Ersten Weltkrieg 1919 eine **Räterepublik** ausgerufen, und Angehörige der Hitlerjugend und anderer Nazi-Organisationen führten im Mai 1933 eine große **Bücherverbrennung** durch.

21 Neupfarrkirche ★★ [F4]

Anfang 1519 starb Kaiser Maximilian I. und damit der Schutzpatron der jüdischen Bevölkerung im Reich. Bis zur Wahl eines neuen Kaisers (Interregnum) war nun Eile geboten. Vor der Ankunft des kaiserlichen Gesandten mussten schnellstmöglich Fakten geschaffen werden, am besten unumkehrbare.

Was lag da näher, als im alten jüdischen Viertel alle Häuser abzubrechen und eine **Kirche** zu errichten, die ein christlicher Herrscher nicht antasten würde. So gingen beim **Abriss der Synagoge** gleich 68 Mann ans Werk. Einer von ihnen, Meister Jakob Kern, stürzte vom Gerüst in die

Tiefe, wurde von Steinen begraben und überlebte den Unfall. Das Ereignis war bald Stadtgespräch und wurde schnell zu einem Marienwunder hochstilisiert. Bereits im März 1519 begann man mit dem Bau einer Wallfahrtskirche aus Holz, und schon im September desselben Jahres erfolgte die Grundsteinlegung eines Großbaus aus Stein, der Kirche „Zur Schönen Maria". In kürzester Zeit setzte ein gewaltiger Pilgerstrom ein, der 1524 ebenso rasch wieder zum Erliegen kam. Die erst 1540 in stark verkleinerter Form notdürftig hergerichtete „neue Pfarre", die heutige **Neupfarrkirche** auf hohem Unterbau, wurde infolge der Reformation 1542 das erste protestantische Gotteshaus der Stadt.

Das **Innere** überrascht durch steile Proportionen und Helligkeit, die großen Rundbogenfenster lassen viel Licht herein. Das um 1650 gemalte **Altarbild** zeigt die „Kreuzigung Christi mit der Ohnmacht Mariens" und die „Auferstehung der Toten". Die meisten der übrigen Gemälde kamen erst im 19. Jh. als Stiftungen hinzu.

› Neupfarrplatz, Tel. 5920112 (Pfarramt), www.neupfarrkirche.de, geöffnet: täglich 10–18 Uhr

22 Karavan-Denkmal ★ [E4]

Bei den Ausgrabungen auf dem Neupfarrplatz 20 gab es 1995 eine Sensation: Die Archäologen entdeckten die Überreste der frühgotischen, 1519 zerstörten **Synagoge** (s. S. 39), die sich westlich der Kir-

Die Vertreibung der Juden aus Regensburg 1519

*Am Montag, dem 21. Februar 1519, spielten sich **vor dem Rathaus** 36 **dramatische Szenen** ab. Eine große Menge aufgebrachter Handwerker forderte die Vertreibung der Juden, die viele Handels- und Handwerkszweige ganz in ihre Hand gebracht hätten. Kurz darauf gaben die Ratsherren der Forderung nach: Alle Juden hätten bis Freitag das Viertel zu verlassen, die **Synagoge** müsste binnen 24 Stunden geräumt werden, denn dann werde mit ihrem Abriss begonnen.*

*Ehe der Abbruch „mit unvernünftiger hizigkait" (d. h. Eile) in Angriff genommen wurde, besuchte der Maler Albrecht Altdorfer (s. S. 60) den frühgotischen, nun leeren Sakralraum und hielt Innen- und Vorraum mit zwei Radierungen für die Nachwelt fest. Bei Schnee und Kälte verließen damals ungefähr 500 Einwohner bzw. annähernd 40 Familien die Stadt, zudem auch 80 auswärtige Talmud-Studenten – in Regensburg war eine der angesehensten jüdischen Hochschulen Mitteleuropas. Als wäre die Vertreibung nicht schon genug, plünderte und zerstörte man auch den **Judenfriedhof**, auf dem seit etwa 1210 mehrere tausend Menschen bestattet wurden. Man grub Leichen aus und schändete sie, zur Stärkung der vielen Freiwilligen ließ die Stadt sogar Freibier ausschenken. Ungefähr 5000 „hübsche und gute" Grabsteine wurden umgeworfen und als Baumaterial zweckentfremdet – manche sind noch heute als „Siegestrophäen" an den Hauswänden in der Innenstadt zu sehen – z. B. in der Gasse Am Judenstein [C3]. Mit diesem Pogrom war das **Ende der letzten großen mittelalterlichen Judengemeinde** in Deutschland besiegelt.*

064rb Abb.: jb

che und nicht wie bis dahin vermutet unter ihr befanden. Aus konservatorischen Gründen verzichtete man auf eine Überdachung der freiliegenden Mauern und schüttete das Areal wieder zu. Um diesen herausragenden Fund dennoch wieder sichtbar zu machen, schuf der israelische Künstler Dani Karavan (geb. 1930) im Auftrag des Stadtrats und der jüdischen Gemeinde Regensburgs ein ganz außergewöhnliches, 160 m² großes Projekt. In Form eines flachen **Bodenreliefs** gestaltete er die Synagoge als begehbares Kunstwerk nach und machte damit das alte spirituelle Zentrum des jüdischen Viertels im Stadtgefüge erlebbar. Karavan wollte kein weiteres Mahnmal schaffen, sondern einen lebendigen „Ort der Begegnung“ mit Sitzgelegenheiten, an dem Passanten zwanglos verweilen und Kinder spielen können.

23 Löschenkohl-Palais ★ [E4]

Ein Gebäude sticht aus der Südseite des Neupfarrplatzes 20, in Höhe des Karavan-Denkmals 22, markant heraus. Es ist der spätbarocke bzw. frühklassizistische Palast (1731–1733), den sich der Bankier und Kaufmann Hieronymus Löschenkohl errichten ließ. Elegant spielte der Architekt, der Linzer Stadtbaumeister Johann Michael Prunner, mit vor- und rückschwingenden Mauerpartien im betonten **Mittelrisalit** (in der Mitte vorspringendes Gebäudeteil). Nach dem Tod Löschenkohls 1755 bezog die sächsisch-kurfürstliche Delegation beim Immerwährenden Reichstag (s. S. 59) das Gebäude, wodurch es den Namen **Kursächsische Gesandtschaft** erhielt.

24 Wahlenstraße mit Goldenem Turm ★★ [E4]

Westlich des früheren römischen Legionslagers entstand im Frühmittelalter als Folge des wirtschaftlichen Aufschwungs das Viertel der Kaufleute und Fernhändler. Gehandelt wurde in den Gassen, auf den Märkten und Plätzen mit Luxusgütern aller Art, etwa mit Wein aus Tirol, Pelzen aus Russland, goldenen Pretiosen und Seiden aus Byzanz sowie – oft vergessen – Sklaven aus den heidnischen slawischen Gebieten. Dieses Quartier ließ um 920 Herzog Arnulf von Bayern mit einer neuen Stadtmauer befestigen, die auch das im Süden gelegene **Kloster St. Emmeram** einschloss (die arnulfinische Stadterweiterung). Zu den schönsten und repräsentativsten Gassen gehört

Das Karavan-Denkmal ist heute ein lebendiger Ort der Begegnung

die Wahlenstraße zwischen dem Neupfarrplatz (20) bzw. der Gesandtenstraße [D/E4] und dem Kohlenmarkt [E3/4]. Die Breite der Straße und die Tatsache, dass sie bereits im 12. Jh. gepflastert war, zeugt vom enormen Wohlstand der italienischen Kaufleute, von denen besonders viele hier wohnten. Von diesen sogenannten *Walchen* oder *Welschen* leitet sich auch der heutige Straßenname ab.

In der westlichen Häuserfront sticht der massige, um 1260 errichtete **Kastenmayer-Turm** (Hausnr. 22) ins Auge. Das ursprünglich etwa doppelt so hohe Bauwerk gehört zu einem Wohnkomplex, der sich bis zur parallelen Unteren Bachgasse erstreckte und im späten Mittelalter im Besitz der reichen Händlerfamilie Kastenmayer war. Auffällig sind die zwei großen, übereinander liegenden Bögen: Der obere diente zur Entlastung der darunter liegenden, zugemauerten Loggia nach italienischem Vorbild.

Im **Haus Nr. 23** wohnte von 1563 bis 1581 Ulrich Schmidl aus Straubing, ein Landsknecht, Entdecker und alter Haudegen, der als Mitbegründer der Hauptstädte Buenos Aires (Argentinien) und Asunción (Paraguay) in die Geschichte einging.

Besonderes Augenmerk verdient der um 1250 ausgeführte und später nochmals aufgestockte **Goldene Turm,** mit acht Geschossen und 50 m Höhe der höchste und stattlichste erhaltene Patrizierturm. Bei Umbauten um 1600 verlor er seinen Zinnenkranz und bekam das heute noch sichtbare Pyramidendach. Zum ursprünglichen Schmuck des verputzten Mauerwerks gehörten auch Fresken von Landsknechten und Stadtwappen. Die Stadtburg mit vier Flügeln wurde im Innenhof mit Renaissance-Arkaden geschmückt. Sie ist heute ein Studentenwohnheim. Der Name „Goldener Turm“ leitet sich von einer ehemaligen Gaststätte her. Nachdem der „Marktturm‘ im Jahr 1706 ausgebrannt war, wachten hier über viele Generationen hinweg die städtischen Türmer.

› **Goldener Turm**, Wahlenstraße 16

(25) Zant- und Ingolstetterhaus mit document Schnupftabakfabrik ★ [E4]

Zu den besonderen Museen Regensburgs gehören an der Gesandtenstraße original belassene Räume einer ehemaligen Schnupftabakfabrik, die in zwei historischen Patrizierpalästen – dem **Zanthaus** (Nr. 3) und

034rb Abb.: jb

Patrizierarchitektur im früheren Kaufmannsviertel: der Goldene Turm

Die Regensburger Geschlechtertürme – Symbole der Macht im Mittelalter

Auf den mittelalterlichen Menschen muss die ***„Skyline" von Regensburg*** *einen ähnlichen Eindruck gemacht haben wie heute die dicht an dicht stehenden Wolkenkratzer von Banken und Versicherungen in Manhattan oder Hongkong. In der Tat wurde die Freie Reichsstadt bereits im 15./16. Jh.* ***„die Turmreiche"*** *genannt und die berühmte Schedel'sche Weltchronik von 1493 zeigt neben den vielen Kirch- und Stadtmauertürmen auch zahlreiche Geschlechter- bzw. Patriziertürme. Regensburg wurde im Hochmittelalter durch den Fernhandel unvorstellbar reich und genau wie heutzutage stellte man damals seinen Reichtum gerne öffentlich zur Schau. Die* ***Patrizier,*** *die städtische Oberschicht aus altem Hochadel, Rittern und zu Wohlstand gekommenen Kaufleuten, demonstrierten mit diesen weit über die Dächerlandschaft ragenden Bauwerken ihre wirtschaftliche und politische Macht. Türme dieser Art gab es früher in etlichen deutschen Städten, nirgends jedoch sind sie in so großer Zahl und so gut erhalten wie in Regensburg. Die ältesten dieser etwa 20 Türme datieren in das 12. Jh., die Hauptbauzeit fällt in die zweite Hälfte des 13. Jh., nachdem Regensburg 1245 unabhängig wurde und besonders viele Familien um Macht und Prestige konkurrierten. Trotz ihres* ***scheinbar wehrhaften Charakters,*** *der häufig mit Schießscharten und oberem Zinnenkranz betont wird, dienten diese Stadtburgen* ***vornehmlich der Repräsentation,*** *worauf nicht zuletzt die später meist zugemauerten, offenen Loggias im ersten Obergeschoss der Türme hinweisen. Bewohnt waren bestenfalls nur die untersten zwei oder drei Stockwerke, die eigentlichen Wohnräume befanden sich in dem zugehörigen, zum Teil sehr weitläufigen Anbau.* ***Architektonische Vorbilder*** *gibt es in den Städten Oberitaliens, aber ebenso nördlich der Alpen: die Bergfriede der Adelsburgen und die Türme der Bischofs-, Herzogs- und Königspfalzen sowie der sogenannte Römerturm* **10** *in Regensburg selbst.*

Exzellent erhalten sind der ***Baumburger Turm*** *(**39**, Watmarkt 4) und der* ***Goldene Turm*** *(**24**, Wahlenstraße 16); besonders eindrucksvoll wegen ihres noch vorhandenen Zinnenkranzes sind beispielsweise das* ***Goliathhaus*** **40** *und der* ***Blaue Hecht*** *(Keplerstraße 7) [E3].*

dem **Ingolstetterhaus** (Nr. 5) aus dem 13./14. Jahrhundert – produzierte.

1812 erwarben die Gebrüder Bernard das Zanthaus und richteten hier eine Manufaktur für edle Schnupftabaksorten ein, deren Produktion dank des exzellenten Absatzes 1899 auf das direkt anschließende Ingolstetterhaus ausgedehnt werden konnte. Die Nachfrage nach Schnupftabak war enorm, bis Mitte des 19. Jh. wuchs die Zahl der Mitarbeiter auf 120, kurz vor dem Zweiten Weltkrieg zählte die damals größte Fabrik ihrer Art in Deutschland rund 350 Angestellte. Sorten wie Pariser, Saarbrücker oder Offenbacher begründeten die Erfolgsgeschichte, zum Bestseller sollte ab 1870 der „Aecht Bayerischer Brasil-Tabak" werden, unter dem Markenzeichen „Schmalzler Franzl" bekannt. Allein 1914 gingen ungefähr 40 Mio. Päckchen dieser Sorte über den Ladentisch.

Nachdem der Betrieb 1998 verkauft und der ganze Gebäudekomplex bis 2007 saniert wurde, können Besucher drei originale Räume der **document Schnupftabakfabrik** besichtigen. Neben den wichtigsten Stationen der Firmengeschichte vermittelt die sogenannte Alchimistenküche einen authentischen Eindruck von der Tabakherstellung. Eine Sammlung kunstvoller Schnupftabakdosen und Gläser rundet die Ausstellung ab.

› Gesandtenstr. 3, Tel. 5073442, www.regensburg.de (Menü: Kultur/Museen/document Schnupftabakfabrik), Eintritt: 5 €, ermäßigt 2,50 €, Zugang nur mit Führung Fr–So jeweils 14.30 Uhr, Tickets im Café Anna, Gesandtenstraße 5

26 Dreieinigkeitskirche ★★★ [D4]

Für den Besuch der Dreieinigkeitskirche gibt es gleich zwei gute Gründe: Zum einen ist das als großer Saal errichtete Gotteshaus die zweitälteste protestantische Kirche in Bayern, zum anderen genießt man vom Nordturm ein wunderbares Panorama über die Dächer der Altstadt.

1542 ist ein denkwürdiges Jahr in Regensburg, trat doch damals die Freie Reichsstadt offiziell zum evangelischen Glauben über. Jahrzehntelang diente die nahegelegene Dominikanerkirche St. Blasius 27 Katholiken wie Protestanten als gemeinsamer Ort für Gottesdienste, bis dies 1626, mitten in den Wirren des Dreißigjährigen Kriegs, verboten wurde. In nur vier Jahren (1627–1631) wurde an der Gesandtenstraße die Dreieinigkeitskirche gebaut, die erste Kirche in der Stadt, deren Entwurf von Anfang an auf die liturgischen Bedürfnisse der evangelisch-lutherischen Gemeinde Rücksicht nimmt. Der Sakralbau gilt nach der Hofkirche in Neuburg an der Donau als erste protestantische Kirche in Bayern.

Das **Äußere** des gewaltigen frühbarocken Bauwerks ist recht schmucklos, doch waren ursprünglich für die drei **Portale** im Norden, Westen und Süden allegorische Statuen von sechs Tugenden vorgesehen.

Dem aus Nürnberg stammenden Architekten Johann Carl gelang mit dem **Innenraum** ein grandioser Wurf: Das **Langhaus** ist ein einziger Saal, der durch seine Weite und Helligkeit beeindruckt. An drei Seiten läuft eine **Empore** entlang, große Rundbogenfenster darüber und ovale Ochsenaugenfenster darunter lassen viel Licht herein. Täuschend echt ahmen die Stuckaturen an der **Holzdecke** gotische Kreuzrippen nach, ein Sternen-

035rb Abb.: jb

› Nordturm der Dreieinigkeitskirche mit tollem Ausblick

gewölbe im Langhaus und ein Netzgewölbe im Chor. Im 18. Jahrhundert wurden für protestantische Reichstagsabgeordnete und für eine mecklenburgische Herzogin drei Oratorien (Gebetsräume) an der Empore eingerichtet, die an Logen in einem Theater erinnern. Beachtung verdienen auch das aufwendig geschnitzte **Chorgestühl** aus der Mitte des 17. Jahrhundert für Mitglieder des Inneren Rates und die von einem Engel bekrönte **Kanzel** mit ausladendem Schalldeckel. Ein Werk von zwei Regensburger Schreinern ist der 1637 vollendete **Altar** mit einer Abendmahlszene in einer dunklen, fein abgestimmten Farbgebung.

Eine der Hauptverkehrsadern in der Altstadt ist die an der Kirche vorbeiführende **Gesandtenstraße,** die im Namen die Erinnerung wachhält an die zahlreichen Delegationen während des Immerwährenden Reichstags (s. S. 59), von denen etliche hier oder in der unmittelbaren Nähe logierten und neben der Kirche auf dem sogenannten **Gesandtenfriedhof** beerdigt wurden.

Wie nur an wenigen Orten bietet die Kirche die Möglichkeit, das historische Zentrum von oben zu überblicken. Hat man die Stufen des **Nordturms** überwunden, breitet sich vom oberen Umgang das Häusermeer der Altstadt aus. Das einmalige **Panorama** genießt man an wolkenfreien Tagen am besten nachmittags, wenn auch die Westfassade des Doms 1 im Licht der Sonne leuchtet.

› Gesandtenstr./Am Ölberg 1, Tel. 22444, www.dreieinigkeitskirche.de.
Der Kircheninnenraum ist wegen Restaurierungsmaßnahmen **bis mindestens Ostern 2020 geschlossen** und danach voraussichtlich während der Sommerzeit täglich 12–18 Uhr geöffnet.

27 Dominikanerkirche St. Blasius ★★ [D4]

Die ehemalige Klosterkirche der Dominikaner ist einer der frühesten gotischen Sakralbauten Deutschlands. Er beeindruckt durch seine Ausmaße und architektonische Schlichtheit.

Die Anhänger des hl. Dominikus breiteten sich während des 13. Jh. mit vielen Klostergründungen rasant über West- und Mitteleuropa aus. Von diesen „Predigerbrüdern“, die auf persönlichen Besitz verzichteten und ihre Kirchen meist sehr schlicht gestalteten, ging eine besondere Faszination auf die Menschen des Hochmittelalters aus. Im Gegensatz zu den traditionellen Orden der Benediktiner und Zisterzienser, die die Einsamkeit in freier Natur suchten, ließen sich diese Bettelorden in den wirtschaftlich aufstrebenden Städten nieder. Die Kirchen beider Orden sind nach

KURZ & KNAPP

Albertus Magnus (um 1200–1280)

Der in Paris studierte Dominikaner war als Naturwissenschaftler, Theologe und Jurist eine der einflussreichsten Geistesgrößen des Mittelalters. Im Auftrag des Papstes predigte er in Deutschland für die Kreuzzüge, dass sie ein gerechter Krieg zur Befreiung des Heiligen Landes seien. Wiederholt trat er auch als Schlichter in politischen Konflikten auf, etwa in Köln bei den Auseinandersetzungen zwischen der Stadt und dem Erzbischof. 1237–1240 wirkte er im Regensburger Kloster, 1260–1262 war er Bischof der Stadt. Als Wiederentdecker der Schriften des griechischen Philosophen Aristoteles gilt der später zum Kirchenlehrer und Heiligen erklärte Mönch als ein Wegbereiter der modernen Naturwissenschaften.

dem Dom 1 die größten in der Stadt, was ihre Popularität in der Bevölkerung widerspiegelt.

Um 1240 begannen die Bauarbeiten für die 73 m lange Kirche, zu deren Finanzierung neben Spenden auch Ablassbriefe dienten. Dennoch dauerte es rund 150 Jahre, bis das Gotteshaus vollendet war. Während der Reformation nutzten beide Konfessionen die Kirche, die Mönche feierten ihre Gebetszeiten im ehemals durch einen Lettner abgetrennten Chor, die Protestanten ihre Gottesdienste im Langhaus. 1626 wurde diese Praxis verboten, was die Errichtung der nahegelegenen Dreieinigkeitskirche 26 zur Folge hatte.

Vor dem Betreten des Baus sticht an der **Westfassade** das stattliche Maßwerkfenster und das im Vergleich dazu klein wirkende, doch schöne Portal ins Auge. Die Schlichtheit des 23 m hohen **Innenraums** entspricht ganz dem Armutsideal der Dominikaner; die meisten Altäre und Bildwerke kamen erst ab dem späten Mittelalter hierher. Reste alter **Wandmalereien** haben sich an allen Wänden erhalten: So reihen sich im wunderschönen **Chor** Stundenbilder mit Szenen aus der Passion Christi (15. Jh). Im **südlichen Seitenschiff** findet sich eine Darstellung der Vierzehn Nothelfer, die von einem später eingefügten Durchgang beschädigt sind. Die **Vierzehn Nothelfer** sind eine Gruppe Heiliger aus dem 2. bis 4. Jh., die unter anderem bei Pest und Krankheit, Gewissens- oder Todesangst angerufen wurden. Links über dem Durchgang befinden sich die **hl. Katharina** mit dem Rad und das vielleicht interessanteste Fresko der Kirche, eine Bildfolge zum **Leben der Heiligen Sebastian und Thomas von Aquin** (um 1500). Gut erkennbar ist z. B. die Szene, in der Thomas von Albertus Magnus in Köln unterrichtet wird.

Für Geld- oder Sachspenden konnten sich Adelige an prominenter Stelle in der Kirche bestatten lassen. Im Gegenzug beteten die Mönche zu genau festgesetzten Tagen für das Seelenheil der Stifter. Von diesem im Mittelalter weit verbreiteten Brauch zeugen die qualitätvollen **Epitaphien** (Grabdenkmale), die ursprünglich waagrecht in den einzelnen Schiffen standen.

Nur im Rahmen einer Führung sind der gotische **Kreuzgang** aus dem 13. Jh. und die **Albertus-Magnus-Kapelle** vom Ende des 17. Jh. zu besichtigen.

› Albertus-Magnus-Platz 1, Tel. 9572530, http://regensburg.dominikaner.org. **Die Kirche ist wegen Restaurierungsmaßnahmen voraussichtlich bis inklusive 2020 geschlossen.**

28 Bismarckplatz ★ [D4]

Eines der jüngsten Platzensembles der Altstadt ist der Bismarckplatz zwischen der Dominikanerkirche St. Blasius 27 und der Schottenkirche St. Jakob 29. Einst befand sich hier der weitläufige sogenannte Jakobshof, ein großer Platz außerhalb der mittelalterlichen Stadterweiterung (um 920), in den die breite **Gesandtenstraße** mündet. Fürstprimas Karl Theodor von Dalberg (s. S. 60) ließ 1804/05 in der Mitte der Freifläche das „Neue öffentliche Theater und Gesellschaftshaus", das heutige **Theater am Bismarckplatz** (s. S. 100), von seinem Hofarchitekten Emanuel d'Herigoyen errichten. Dadurch enstand nördlich des klassizistischen Gebäudes der verkehrstechnisch wichtige **Arnulfsplatz** und im Süden der Bismarckplatz, der seit der im Jahr 1982 abgeschlossenen Umgestaltung mit seinem **Brunnen**, seinen **Straßencafés** und den neu installierten **Sitzgelegenheiten** für die vielen Passanten ungleich attraktiver ist. Gegenüber dem Theater fällt das zeitgleich ausgeführte **Präsidialpalais** auf, das für wenige Jahre der Sitz der französischen Gesandten beim Immerwährenden Reichstag (s. S. 59) war.

29 Schottenkirche St. Jakob ★★★ [C4]

Kraftvoll und stilrein präsentiert sich dieses Gotteshaus. Es zählt zu den Hauptwerken romanischer Architektur in Deutschland. Eine Augenweide sind im Inneren die kunstvoll ausgeschmückten Kapitelle der Säulen, während das berühmte und figurenreiche Nordportal mehr Rätsel als Antworten gibt.

036rb Abb.: jb

Der Begriff Schottenkirche ist leicht irreführend. Er bezieht sich auf die im 11. Jh. aus Irland stammenden benediktinischen Wandermönche, die diese erste Klosterkirche zu Ehren des Patrons der Pilger, Jakobus d. Ä., errichteten. Die *miseri peregrini* („arme Fremdlinge") wurden nach ihrer Heimat Irland, dem früheren *Scoti maior,* auch *scoti* genannt. Erst im Laufe des 16. Jh. bezeichnete man damit die Schottländer, woraus sich der heutige Name von St. Jakob – Schottenkirche – herleitet.

Das 1111 geweihte, allzu rasch errichtete Gotteshaus im Westen der Stadt war schon bald baufällig, sodass die Mönche bereits in der Mitte des 12. Jh. einen erweiterten Neubau in Angriff nahmen. Vom Vorgängerbau sind teils heute noch die Türme und Apsiden im Osten erhalten.

Für diesen unter Abt Gregor bis etwa 1185 ausgeführten Sakralbau im hochromanischen Stil stifteten Bürger und Adelige Güter, Baumaterial und Geld – gegen eine reiche Schenkung konnte sich mancher Patrizier hier auch bestatten lassen. Zeitgleich erfolgte von Regensburg aus die Ausbreitung der irischen Benediktiner: Innerhalb von 30 Jahren gab es acht irische Klöster in Deutschland.

1278 brannten die Klostergebäude (glücklicherweise nicht die Kirche!) ab, nach inneren Querelen ging um 1515 der Komplex an die schottischen Benediktiner über. Unter Abt Ninian Winzent, dem Beichtvater Maria Stuarts, erlebte St. Jakob ab 1577 einen erneuten Aufschwung als Pilgerherberge, Zentrum der Seelsorge und Missionsseminar für junge Schot-

◁ *Das Schottenportal – ein Meisterwerk romanischer Baukunst*

Straßennamen: Schöne Gelegenheit und Fröhliche Türken

Bei einem Bummel durch die Altstadt stößt man immer wieder auf zum Teil recht kuriose Straßennamen. Klar sind die Bezeichnungen von ***Plätzen,*** *auf denen früher unterschiedliche Waren verkauft wurden, darunter Korn-, Fisch-, Wein- oder Kohlenmarkt. Ebenso leuchten Namen wie beispielsweise Lederer, Weißgerber und Wollwirkergasse ein, die sich allesamt von früheren und heute meist* ***ausgestorbenen Berufen*** *herleiten. Sehr viele Bezeichnungen gehen auf* ***ehemalige Gasthäuser*** *zurück, etwa die Drei-Mohren-, Blaue-Lilien- oder Silberne-Fisch-Gasse, aber auch die Fröhliche-Türken-Gasse [F5/6]: Im 17. Jh. betrieb dort ein immer gut gelaunter Wirt namens Türk die Schenke „Zum fröhlichen Mann“, und mit der Zeit verbanden sich beide Namen zu einem neuen Begriff. In der „Hundsumkehr“ [B2] steckt das alte Wort „hunz“ für „bis dahin“ – gemeint ist damit nämlich nur eine Sackgasse. Auf ein heute nicht mehr gebräuchliches Wort geht auch Am Wiedfang an der Donau zurück, an der „wit“, also Holz, angelandet wurde.*

Vor gut 100 Jahren gab es sogar den Versuch, die Gasse Zur schönen Gelegenheit [D3] unweit des Arnulfsplatzes wegen ihrer Zweideutigkeit zu ändern: „Gelegenheit“ leitet sich von dem Wort „Lage“ her ab. Die Häuser im Westen der Regensburger Altstadt waren besonders schön, da sie zum Teil immer noch im Grünen lagen. Den Antrag zur Namensänderung, wegen einer vermeintlichen unterschwelligen erotischen Komponente, lehnte der Magistrat ab, und deshalb gibt es heute immer noch die Gasse Zur schönen Gelegenheit.

› ***Literaturtipp:*** *Sybille Hösl, „Vom Kramwinkel zum Entengang. Alte Regensburger Straßennamen und ihre Deutung. Mit einem namentlichen Stadtrundgang“, Regensburg 2008, Universitätsverlag*

ten, die in ihre Heimat zurückkehren sollten. 1803 entging die zuvor zum britischen Eigentum erklärte Schottenabtei mit wenigen anderen deutschen Klöstern der Säkularisation. Erst um 1862 wurde das Kloster wegen Nachwuchsmangels vom Papst aufgelöst. Heute beherbergt die ehemalige Klausur ein **bischöfliches Klerikalseminar,** weshalb der teilweise erhaltene Kreuzgang öffentlich nicht zugänglich ist.

Der größte Schatz von St. Jakob ist das rätselhafte Nordportal, besser unter dem Namen **Schottenportal** bekannt. Seit über zwei Jahrhunderten deuten Forscher das komplexe Bildprogramm mit zahlreichen Reliefs und Rundskulpturen beiderseits des Hauptzugangs zur Kirche, und noch heute sind nicht alle Motive und Szenen restlos geklärt. Im Tympanon (Bogenfeld) erscheint Christus mit dem Segensgestus zwischen zwei Heiligen, vielleicht Jakobus und Johannes, darüber – am oberen Abschluss der Fassade – Jesus und die 12 Apostel. Die Figur im linken unteren Bildfeld ist wohl als Maria mit dem Kind zu deuten, flankiert von sich umarmenden menschlichen Figuren. Was mag wohl der Drache darunter bedeuten, der einen Löwen verschlingt und ein anderes Lebewesen mit dem

Schwanz umschlingt? Gegenüber, auf der rechten Seite, thront vielleicht der Antichrist zwischen wilden, aggressiven Tieren, einem Greif und einem Menschen fressenden Ungetüm.

Wohltuend ist die Ruhe im **Inneren** der dreischiffigen Basilika, die trotz ihrer kunstgeschichtlichen Bedeutung von großen Touristengruppen meistens nicht besucht wird. Harmonisch reihen sich vom Chor zur hinteren Empore die Bögen der Arkaden aneinander. Mit Ausnahme des ersten Säulenpaares wechselt die Verzierung der **Kapitelle** zwischen pflanzlichem Dekor und menschlichen Figuren.

Als man zwischen 1866 und 1872 die angrenzenden Klostergebäude umbaute, wurden Teile des romanischen Kreuzgangs aufgedeckt und die **Säulchen** im Chorbereich wiederverwendet. Dem damaligen Zeitgeschmack entsprechend bemalte man auch die große **Kreuzigungsgruppe** (12. Jahrhundert) im Triumphbogen neu.

› Jakobstr. 3, Tel. 29830 (Priesterseminar), www.schottenkirche.de, geöffnet: täglich 8–18 Uhr

30 St. Oswald ★ [D3]

Die an prominenter Stelle an der Donau errichtete Kirche St. Oswald wird 1316 erstmals erwähnt. Dabei handelte es sich um die Stiftung eines Armen- und Pflegehauses, das wegen der guten Ausstattung im Mittelalter auch „das reiche Spital" genannt wurde. Die Wappen der Stifter Auer und Prager – Schild und Helm – sind am gotischen **Chor** zu sehen. Im 14. Jh. erfreute sich die Verehrung des hl. Oswalds in Süddeutschland großer Beliebtheit. Dieser war im 7. Jh. König eines englischen Reichs und starb als Märtyrer im Kampf gegen das letzte heidnische Reich der Angelsachsen. Bisweilen zählte er zu den 14 Nothelfern (s. S. 47) und wurde zum Schutz vor der Pest angerufen.

Seit 1553 dient der Bau der protestantischen Gemeinde Regensburgs als Gotteshaus. Nachdem man 1604 die Spitalbauten abgerissen hatte, wurde 1708 das **Langhaus** für die evangelische Liturgie grundlegend umgestaltet. Die beiden zentralen **Deckenfresken** stellen „Moses beim Überbringen der Gesetzestafeln" sowie die „Bergpredigt Christi" dar. Die **Emporenbrüstungen** schmücken kleine Bilder mit Ereignissen aus dem Alten und Neuen Testament, u. a. der Geschichte vom verlorenen Sohn. Die Feierlichkeit des Raums unterstreichen nicht zuletzt auch die vielen **Stuckaturen** von Kunsthandwerkern der berühmten Wessobrunner Schule.

› Weißgerbergraben 1. Die Kirche ist wegen Komplettsanierung **bis 2024 geschlossen.**

31 Haidplatz ★★★ [E4]

Auf dem großen Haidplatz könnte man leicht meinen, in Florenz oder Bologna zu sein, denn wie nur wenige andere Freiflächen in der Altstadt versprüht er relaxtes, südländisches Flair. Mit mehreren guten Restaurants und Cafés, dem zentralen Brunnen sowie den rahmenden, stark an italienische Palazzi erinnernden Gebäuden aus unterschiedlichen Epochen ist er für viele Regensburger gar der schönste Platz überhaupt.

Ungewöhnlich für einen öffentlichen Platz in der Donaustadt sind die dreieckige Form und die Weitläufigkeit. Das eine geht wahrscheinlich auf eine Straßengabelung in römischer Zeit zurück, das andere auf

037rb Abb.: jb

eine einst außerhalb des alten Legionslagers gelegene Wiese, „Heide" oder später „Haid" genannt. Im Mittelalter fanden hier prächtige Ritterturniere statt. Im Zentrum erhebt sich der 1656 aufgestellte **Justitia-Brunnen:** Die Göttin der Gerechtigkeit hält in der Rechten ein erhobenes Schwert, in der Linken eine Waage.

32 Neue Waag ★ [E4]

Die gesamte Ostseite nimmt die Neue Waag ein, ein um 1300 errichteter Patrizierpalast mit Turm. 1441 erwarb die Stadt das Anwesen und richtete eine Herrentrinkstube ein, in der die Ratsherren vom nahe gelegenen Rathaus 36 in den Pausen zum Zechen einkehrten. Des Weiteren beherbergte das Gebäude die städtische Waage: Um Betrug zu vermeiden, konnten Händler und ihre Kunden die Waren hier öffentlich wiegen. Der **Hof** wurde 1573 im Stil der Renaissance mit **Arkaden** umgebaut. Dort weist auch ein **Wandbild** auf das berühmte Religionsgespräch von 1541 hin. Heute hat das Bayerische Verwaltungsgericht hier seinen Sitz.

33 Arch ★ [E4]

Ein weiterer Stadtpalast aus dem 13. Jh. war ursprünglich der trapezförmige Bau im Süden. Strapaziert man seine Fantasie etwas und blickt von der westlich gelegenen Ludwigstraße [D4] auf seine Schmalseite, kann man den Bug eines Schiffes erkennen, daher der Name „Arch". Wunderschöne **Doppel- und Dreierarkadenfenster** lockern dort die Fassade auf.

34 Goldenes Kreuz ★★ [D4]

Berühmt wurde am Haidplatz vor allem das ehemalige Gasthaus Zum Goldenen Kreuz (s. S. 95). Besonders deutlich sind noch die typischen Elemente einer mittelalterlichen Stadtburg – **mehrstöckiger Turm und Anbau** – zu erkennen. Die ursprüngliche Wohnstatt der wohlhabenden Weltenburger reichte im 13. Jh. nur bis zu dem alle Stockwerke durchlaufenden **Erker**, der westlich anschlie-

Stattliche Patrizierpaläste: die Arch 33 und das Goldene Kreuz 34

KURZ & KNAPP

Das Regensburger Religionsgespräch 1541

Um die Einheit der Christenheit unter dem Eindruck der drohenden Türkengefahr zu wahren, berief Kaiser Karl V. 1541 namhafte Katholiken und Protestanten zu einem Religionsgespräch nach Regensburg ein. In der **Neuen Waag** (32) **am Haidplatz** (31) diskutierten Johannes Eck als herausragender Vertreter der Altgläubigen und Philipp Melanchthon, der wichtigste anwesende Reformator, über Eucharistie, Beichte, kirchliches Lehramt und weitere Glaubensinhalte. Die Gespräche scheiterten nach sieben Wochen – die Gegensätze und Ansichten beider Parteien waren einfach unüberbrückbar.

ßende Teil kam erst 1862 durch Umbau und Angleichung der Fassade hinzu. Diese Erweiterung fällt auch in die letzte Blütezeit des jahrhundertelang als Nobelherberge dienenden Anwesens. In diesem Grand Hotel stiegen gekrönte Häupter wie z. B.

038rb Abb.: jb

der österreichische Kaiser Franz Joseph I. ab. Der berühmteste Gast war jedoch schon Kaiser Karl V., der während dreier Reichstage hier nächtigte und 1546 eine kurze „Beziehung" mit der Regensburgerin Barbara Blomberg hatte (s. S. 54).

(35) Thon-Dittmer-Palais ★ [E4]

Zwei alte Häuser wurden Ende des 18. Jh. im Auftrag der reichen Kaufmanns- und Bankiersfamilie Thon-Dittmer zu einer ausladenden Vierflügelanlage umgebaut. Die **klassizistische Fassade** kam dann 1808/09 dazu und zählt zu den wichtigsten Bauten des portugiesischen Architekten Emanuel d'Herigoyen, der als Stadt- und Landbaumeister des Fürsterzbischofs Karl Theodor von Dalberg (s. S. 60) mehrere Jahre in Regensburg weilte.

Im Innenhof sind die **Renaissance-Arkaden** von 1583 an der Westseite noch original erhalten, die im Norden kamen erst als moderne Ergänzung 1978 hinzu. Über dem weiten Torbogen mahnt die **Statue** einer blumenbekränzten Dame mit einer Sanduhr in der Rechten: „Die Uhr nun ausgelaufen ist, bedenk, dass Zeit zum Sterben ist." Mit dem Sterben will sich offensichtlich der alte Mann auf dem Relief des gotischen **Uhrerkers** darüber noch Zeit lassen: Flankiert von zwei kauernden Tieren macht er sich gerade an eine junge Schöne heran.

Das Thon-Dittmer-Palais dient heute für vielfältige kulturelle Veranstaltungen. So sind in den Räumen die Stadtbücherei, die Volkshochschule und das Deutsch-Amerikanische-Institut untergebracht. Die Arkaden des Innenhofs sind eine stimmungsvolle Kulisse für die Aufführungen des Theater am Haidplatz (s. S. 100).

Dollingers Kampf mit dem Riesen Craco – eine mittelalterliche David-und-Goliath-Geschichte

Zu den ältesten und im Lauf der Jahrhunderte immer wieder mit fiktiven Elementen angereicherten deutschen ***Stadtsagen*** *gehört auch die Geschichte des Kampfes zwischen dem heidnischen Riesen Craco und dem Bürger Hans Dollinger: Während König Heinrich I. mit seinem Gefolge in Regensburg weilt, fordert Craco die höfische Ritterschaft zum Turnier heraus. Craco versetzt durch seine schiere Größe und durch sein aufgemaltes Schildwappen, ein geflügelter Teufel, alle Anwesenden in Angst und Schrecken, keiner wagt ihm entgegenzutreten. Schließlich erklärt sich der im Kerker wegen Majestätsbeleidigung sitzende Dollinger bereit, gegen den Heiden zu kämpfen. Vom Kaiser begnadigt, bereitet er sich am Grab des* ***hl. Erhard*** *(s. S. 27) im Stift Niedermünster 8 auf den aussichtslos erscheinenden Zweikampf vor. Ein Priester rät ihm dort, am Turnierplatz ein Kreuz aufzustellen. Dieses findet auf dem* ***Haidplatz*** *31 statt, und da seine Sinne durch den Teufel verwirrt sind, gelingt es Craco, zweimal Dollinger aus dem Sattel zu stoßen.*

Gerade rechtzeitig fällt dem Wagemutigen der Rat des Geistlichen ein, sodass umgehend ein Holzkreuz aufgestellt wird. Mit göttlicher Hilfe kann der Heide schließlich bezwungen werden, die gewonnene Rüstung schenkt der glückliche Sieger dem Stift.

36 Altes und Neues Rathaus mit Reichstagsmuseum ★★★ [E3]

Das Alte Rathaus ist in kultureller und historischer Sicht eines der bedeutendsten Bauwerke seiner Art nicht nur in Deutschland, sondern in ganz Europa. Jahrhundertelang tagten in den überwiegend noch original erhaltenen Sälen und Räumen die verschiedenen Stände bei den Reichsversammlungen und später der Immerwährende Reichstag (s. S. 59), der als Vorläufer des deutschen und auch europäischen Parlaments gilt. Einzigartig ist auch die Fragstatt (s. S. 57), die mit ihren authentischen Folterinstrumenten zu besichtigen ist.

◁ Don Juan d'Austria (s. S. 54) an der Fassade des Goldenen Kreuzes

Nachdem Regensburg 1245 die Reichsfreiheit und damit die kommunale Selbstverwaltung erlangt hatte, brauchten die Bürger und reichen Patrizier ein Gebäude für repräsentative Zwecke und zur Zusammenkunft eines Stadtrats. Mitten im Händlerviertel errichteten sie um 1250 den Kernbau des heutigen, unregelmäßig geformten Rathauskomplexes. Dieser **Mittelbau** gleicht den für das historische Zentrum so typischen Stadtburgen: ein etwa 55 m hoher **Turm** mit angrenzenden mehrstöckigen Gebäudetrakt und Innenhof, der im 17. Jahrhundert mit dem **Friedensbrunnen** verschönert wurde.

Mitte des 14. Jahrhunderts wütete im Umkreis des Marktes ein verheerender Brand, in dessen Folge man die westlich angrenzenden Gebäudereste bei der Restaurierung des Rathauses miteinbezog. Nun ent-

Don Juan d'Austria oder ein folgenreicher One-Night-Stand

Während des Reichstags 1546 logierte Kaiser Karl V., wie schon bei den Reichsversammlungen zuvor, im Gasthof Zum Goldenen Kreuz 34 *am Haidplatz. Dort verbrachte der damals 46 Jahre alte Monarch mindestens eine stürmische Nacht mit der stadtbekannten Schönheit* ***Barbara Blomberg****, der Tochter eines Gürtlermeisters. Das* ***amouröse Abenteuer des Kaisers*** *hatte nicht nur Folgen für die 18-Jährige, sondern auch viel später für die Kriegsgeschichte des Mittelmeers: Barbara brachte 1547 in der nahen Tändlergasse/Ecke Kramgasse einen Sohn zur Welt, der nach drei Jahren von der Mutter getrennt und in Spanien erzogen wurde. Viel später ging er als genialer Stratege in die Geschichte ein: 1571 errang die Heilige Liga unter Führung Venedigs unter seinem Oberkommando einen grandiosen Sieg über die osmanische Flotte in der Seeschlacht von Lepanto (Griechenland). Unter mysteriösen Umständen - durch Gift oder an Typhus - beendete er 1578 frühzeitig sein Leben.*

039rb Abb.: jb

Nach einem bewegten Leben, zu dem auch ein Klosteraufenthalt in Kastilien gehörte, starb seine Mutter Barbara im Alter von 70 Jahren auf ihrem Landgut in Nordspanien.

Das Schicksal der Regensburgerin verarbeite der deutsche Schriftsteller Carl Zuckmayer 1949 zu dem Theaterstück „Barbara Blomberg".

Die Erinnerung an den großen Sohn der Stadt hält ein Gedicht an der Fassade des Goldenen Kreuzes fest:

stand der imposante Flügel mit dem gotischen, fein gearbeiteten **Standerker**, wahrscheinlich ein Werk der Dombauhütte. Im Untergeschoss, in den Räumen der **Tourist Information** (s. S. 121), befanden sich einst Gerichtsräume und Läden, darüber erhob sich mit einer fast durchgehenden Fensterreihe ein stattlicher Tanz- und Festsaal, der im weiteren Verlauf der Geschichte als „**Reichssaal**" Bedeutung erlangen sollte. 1481 ließ der Stadtrat schließlich mit einem Schwibbogen über die Straße hinweg beide Gebäudetrakte, nämlich Turm- und Saalbau, miteinander verbinden.

Aus dem 15. Jh. datiert auch der Haupteingang zum Alten Rathaus, ein gotisches **Prunkportal** mit Freitreppe und Reliefs. Diese zeigen die gekreuzten Petrus-Schlüssel und darüber die im Volksmund „**Schutz und Trutz**" genannten Krieger, Symbole der städtischen Macht und Obrig-

„In diesem haus von alter Art
Hat offt geruet nach langer fahrt
Herr KAYSER CARL DER FÜNFFT genandt
In aller Welt gar wohl bekannt
Der hat auch hie zu gueter stundt
Geküsset einer jungfraw mundt
Dann draus erwuchs dem Vatter gleich
Der DON JUAN VON OESTERREICH
Der bei LEPANTO in der Schlacht
Vernichtet hat der Türckhen Macht
Der HERR vergellts ihm allezeit
So ietzt wie auch in Ewigkeit“

Zum 400. Jahrestag des Todes Don Juans ließ die Stadtverwaltung 1978 auf dem ***Zieroldsplatz,*** *neben dem barocken Rathaus* 36, *eine* ***Bronzeskulptur*** *des Lepanto-Siegers aufstellen. Das Denkmal ist eine Kopie der 1572 von Andrea Calamech in Messina gefertigten Plastik.*

Literaturtipp: *Von Marita A. Panzer sind im Pustet Verlag zwei fundierte und spannende Biografien erschienen:*

- ***Barbara Blomberg. Bürgerstochter, Kaisergeliebte und Heldenmutter,*** *Regensburg 2017*
- ***Don Juan de Austria. Karriere eines Bastards,*** *Regensburg 2004*

keit. Beachtung verdienen außerdem die **Maßeinheiten** neben dem Durchgang, die Mitte des 15. Jahrhunderts in die Mauer eingelassen wurden: in der Mitte ein Schuh, links Klafter (die Spannweite der ausgestreckten Arme) und rechts (Doppel-)Elle. Handwerker und Händler konnten hier bis zur Einführung des Meters als Standardmaß in napoleonischer Zeit (1809) die Längen von Waren überprüfen.

040rb Abb.: jb

Im Rahmen einer Führung kann im **Alten Rathaus** das Reichstagsmuseum besichtigt werden, also die historischen Räume und Säle, die sich überwiegend noch durch ihre ursprüngliche Ausstattung auszeichnen. Den Auftakt des Rundgangs macht die säulengestützte, 1564 im damals nicht mehr zeitgemäßen gotischen Stil errichtete **Vorhalle.** Höhepunkt unter den zahlreichen prunkvollen Innenräumen ist der sich anschließende 23 x 15 m große **Reichssaal,** in dem ab 1594 alle Reichstage und von 1663–1806 der Immerwährende Reichstag (s. S. 59) stattfanden. Beachtlich ist die Konstruktion der Balkendecke in 8 m Höhe, die 1448 von einem damals hochmodernen Trägersystem des Dachstuhls gehalten wird. Auf an drei Seiten umlaufenden **Bänken** nahmen ehemals mit einer genau festgesetzten Sitzordnung die Vertreter der Reichsstände – Kurfürsten, Fürsten und Abgesandte der

Gotischer Standerker an der Außenfassade des Reichssaales

041rb Abb.: jb

▢ *Der Kohlenmarkt mit Blick auf das barocke Neue Rathaus*

Reichsstädte – an den Sitzungen teil. Der Kaiser oder sein Stellvertreter nahmen an der Südseite, erhöht unter dem Thronbaldachin aus gelbem Seidendamast, Platz. Die **Wandmalereien** gehen laut Beischrift über dem Portal auf das Jahr 1564 zurück, so auch der große Doppeladler über der Erkernische.

Die Reichsstände benötigten für ihre internen Beratungen eigene Besprechungsräume, so etwa das **Fürstenkollegium,** den Gobelins (aufwendig gewebte, farbige Bildteppiche) aus einer Brüsseler Werkstatt (Mitte des 16. Jh.) zieren. Die Decke des **Blauen Saals** von1527 wird dem Maler Albrecht Altdorfer (s. S. 60) zugeschrieben, der zu jener Zeit Stadtbaumeister war. Einst prächtig ausgestattet war das Anfang des 20. Jahrhunderts renovierte **Kurfürstliche Kollegium.** Weitgehend original ist dagegen die Einrichtung des benachbarten **Kurfürstlichen Nebenzimmers,** das im Mittelalter die offene Loggia des Rathausturms war. In diesem außerordentlich schmucken Raum lassen sich gewöhnlich donnerstag- und freitagvormittags Brautpaare standesamtlich trauen.

Den Abschluss der Führung durch das Alte Rathaus bildet meistens ein Besuch der mittelalterlichen **Gefängnisse** und der **Fragstatt** (s. S. 57) im Erdgeschoss.

Östlich des Rathausturms schließt sich das barocke, 1721–1723 errichtete **Neue Rathaus** an, das sich durch die Regelmäßigkeit der Fassadengestaltung mit betonter Eckquaderung von den älteren Gebäudeteilen deutlich abhebt. Über das Restaurant *Ratskeller* ist der Innenhof mit dem 1662 aufgestellten **Neptunbrunnen** zugänglich.

An das Rathaus schließen sich zwei Plätze an, der kleine **Zieroldsplatz** mit dem **Standbild des Don Juan d'Austria** (s. S. 54) und der **Kohlenmarkt,** der die nordwestliche Ecke

„Schlimme Liesel" und „Spanischer Esel" – zu Besuch in der Fragstatt

Die Fragstatt oder „Strenge Frag" (von „befragen") ist für die Rechtsgeschichte von größter Bedeutung, da sie wohl die einzige Einrichtung dieser Art in Deutschland ist, in der die echten Instrumente am Originalschauplatz noch komplett vorhanden sind – im Gegensatz zu manch anderen Folterkammern ist die Regensburger ***Fragstatt*** *kein für Touristen aufbereitetes Gruselkabinett mit zusammengetragenen Werkzeugen und oberflächlicher Effekthascherei. Hier in der Freien Reichsstadt wurde auf dem Reichstag 1532 unter Kaiser Karl V. die „Constitutio Criminalis Carolina", die* ***Peinliche Halsgerichtsordnung,*** *beschlossen. Sie kam als erstes deutsches Strafgesetzbuch im ganzen Heiligen Römischen Reich zur Anwendung.*

Blieb das „gütliche" Verhör erfolglos, hatte der zusammen mit dem Gerichtsschreiber hinter einem Holzgitter verborgene Fragherr zwei Wochen Zeit, ein Geständnis „peinlich", also mit Schmerzen (Pein), von dem Verdächtigten oder Beschuldigten herauszupressen. Für die eigentliche Tortur hatte der Scharfrichter eine breite Palette an Instrumenten: So gab es die ***„Rutschbahn"****, eine 4 m lange Streckleiter mit beweglichen Dreikanthölzern, die sich beim Auf- und Abziehen in den Rücken drückten. Die gleiche Wirkung hatte die* ***Streckbank*** *mit einer rundherum mit Eisenkugeln versehenen Walze.* ***„Spanischer Esel"*** *nannte man ein aufrecht stehendes, oben zugespitztes Brett, auf dem der Delinquent rittlings sitzen musste. Besonders „beliebt" war offenbar die* ***„Schlimme Liesel":*** *Der Beschuldigte wurde mit auf den Rücken gefesselten Händen an eine hölzerne Triangel gebunden und dann mittels eines Drehrades nach oben gezogen. Bei Bedarf konnte man ihn mit großen Steingewichten noch beschweren oder mit Eisenringen am Boden festbinden, der Gequälte tat dann ein „Reckerle".*

Vor der eigentlichen, bis 1779 verwendeten Fragstatt liegen die ***Gefängnisse*** *– zwei niedere, mit Eichenbalken ausgekleidete Räume, die stockdunklen „Blockkeuchen" und zwei 3 m tiefe Lochgefängnisse. Erstaunlich geräumig ist die schwach beleuchtete* ***„Armesünderstube"****, in der der Verurteilte die Stunden bis zur Hinrichtung verbrachte.*

des römischen Militärlagers markiert. Diesem früher einfach nur „Markt" genannten Platz kam im Mittelalter aufgrund seiner Lage mitten im Kaufmannsviertel und der Nähe zum Hafen große Bedeutung zu. Der vor gut 200 Jahren aufgekommene heutige Name bezieht sich auf die früher gehandelte Holzkohle, die vor allem für Schmieden und private Haushalte wichtig war. Cafés laden hier zum Verweilen ein, seit 1986 erfreut die Passanten das Plätschern des Wassers am **„Brunnen des Lebendigen"**.

› Rathausplatz 1–4, Tel. 5074410, www.regensburg.de (Menü: Kultur/Museen/document Reichstag), Eintritt: 7,50 €, ermäßigt 4 €, Familie 15 €, geöffnet: Besichtigung des Reichstagsmuseums nur mit Führung: Beginn April–Okt. tgl. zw. 10 u. 16, Nov., Dez., März tgl. zw. 10 u. 15.30, Jan./Febr. tgl. zw. 10 u. 15 Uhr

KURZ & KNAPP

Grüner Tisch und lange Bank – reichsstädtische Redewendungen

Aus der Zeit des Immerwährenden Reichstags (s. S. 59) stammen einige heute noch geläufige Redewendungen: Zu besonderen Ereignissen, etwa Geburtstagen oder Hochzeitsjubiläen, warfen die Stellvertreter der Reichsstände als Zeichen der Großzügigkeit vom Rathaus (36) Münzen auf das versammelte Volk herab, buchstäblich **„warfen sie das Geld zum Fenster hinaus"**. Zu internen Diskussionen kamen die Fürsten zwischen den Sitzungen im Reichssaal in ihren Zimmern zusammen. Dort saßen sie aneinandergereiht auf langen Bänken, und da die Beratungen häufig viel Zeit in Anspruch nahmen, **„schob man etwas auf die lange Bank"**. Das Kurfürstenkolleg fällte Entscheidungen nach dem Stimmenverhältnis. In ihrem Raum, dem Kurfürstlichen Nebenzimmer, war der Tisch, an dem sie zusammensaßen, mit einem grünen Tuch bedeckt. Ob ihre Beschlüsse weltfremd waren oder sich später in der Praxis bewährten, musste sich noch zeigen, da die **„Entscheidungen am grünen Tisch gefällt wurden"**.

(37) Kepler-Gedächtnishaus ★ [E3]

Der Mathematiker und Astronom Johannes Kepler (1571–1630) verbrachte in Regensburg die letzten Monate seines Lebens. Während sein Grab in den Wirren des Dreißigjährigen Kriegs zerstört wurde, ist sein Sterbehaus bis heute erhalten.

Kepler hat mit den von ihm entdeckten „Keplerschen Gesetzen", also den Gesetzmäßigkeiten der Planetenbewegungen im Universum, entscheidend zum heutigen Weltbild beigetragen. Als überzeugter Protestant musste er im Zuge der Gegenreformation mehrmals seinen Wohnort wechseln: Nach Graz, Prag und Linz fand er schließlich im Herbst 1630 in der evangelischen Freien Reichsstadt eine neue Heimat. Nachdem sein früherer Auftraggeber Albrecht von Wallenstein kurz zuvor abgesetzt worden war, beabsichtigte Kepler, mit dem am Regensburger Reichstag anwesenden Kaiser Ferdinand II. über seine berufliche Zukunft zu sprechen. Doch schwer erkrankt starb er am 15. November im Wohnhaus eines befreundeten Kaufmanns.

Die Vorhalle der Gedächtnisstätte zeigt eine lebensgroße **Marmorbüste** des Forschers, die nach historischen Kupferstichen gefertigt wurde. Die original hergerichteten **Räume** sind mit Möbeln des 17. Jh. ausgestattet, zudem vermitteln Schautafeln, Bücher, Briefe sowie astronomische Modelle und Instrumente ein umfassendes Bild zum Leben und Schaffen dieses einflussreichen Gelehrten, der zu den Begründern der modernen Naturwissenschaften zählt.

› Keplerstr. 5, Tel. 5073442, www.regensburg.de (Menü: Kultur/Museen/document Keplerhaus), Eintritt: 2,20 €, ermäßigt 1,10 €, Führungen: Sa/So und feiertags 14.30 Uhr, inklusive Eintritt 5 €, ermäßigt 2,50 €, geöffnet: Sa/So und feiertags 10.30–16 Uhr, geschlossen u.a. Karfreitag, 1. Mai, 1. November

(38) Runtingerhaus ★ [E3]

Die Familie Runtinger gehörte im 14. Jh. zu den Superreichen der Stadt und hatte als herausragende Ehre sogar den Vorsitz im Fondaco dei Tedeschi inne, dem deutschen Handelshaus neben der Rialto-Brücke in Venedig. Matthäus Runtinger (1345–

1407), nach dem Tode des Vaters das Oberhaupt der Familie, war u.a. Stadtkämmerer, Beisitzer des Ratsgerichts, Stadtbaumeister und Kreditgeber der Stadt Regensburg. Die gesellschaftliche Stellung der Familie spiegelt sich in der Architektur des Patrizierhauses wider: Harmonisch verteilen sich die ganz unterschiedlich ausgeführten Fenster auf die Fassade des frühgotischen Treppengiebelhauses und des angeschlossenen Wohntraktes mit oberem Zinnenkranz. Richtig Eindruck schinden konnte die Familie mit dem rund 200 m² großen historischen Festsaal, der wahrscheinlich sogar mit den damals sündhaft teuren Butzenscheiben verglast war. Heute beherbergt das Gebäude das **Regensburger Stadtarchiv.**

Eine unschätzbare Quelle zur mittelalterlichen Wirtschaftsgeschichte ist das Handelsbuch dieses reichen Geschlechts. Es ist das umfassendste erhaltene deutsche Kaufmannsbuch

Der Immerwährende Reichstag 1663–1806

Das Heilige Römische Reich Deutscher Nation, auch Altes Reich genannt, war ein Bund hunderter großer und kleiner, weltlicher und geistlicher Territorien – ein verwirrendes Mosaik einzelner Staaten. An der Spitze stand der gewählte König bzw. Kaiser, der seit dem frühen Mittelalter in unregelmäßigen Abständen Reichsversammlungen (später Reichstage genannt) an verschiedenen Orten einberief. Bei diesen Versammlungen der ***Reichsstände,*** *also der Vertreter der Fürsten, der Kurfürsten und der Reichsstädte, wurden z.B. Kriege beschlossen, Privilegien bestätigt, Konflikte geschlichtet und neue Gesetze erlassen. Im Laufe der Jahrhunderte wurden die Beratungen zunehmend komplizierter und dauerten folglich immer länger. Als umständlich und teuer zeigte sich auch der ständige Wechsel dieses Vorläufers des heutigen Bundestags von Ort zu Ort. Ab 1594 richtete man* ***alle Reichstage in Regensburg*** *aus, da die Freie Reichsstadt mehrere Vorzüge bot: eine relativ zentrale Lage innerhalb des Alten Reichs, die Donau als bequemen Verkehrsweg und damit die Verbindung nach Wien zum Zentrum der Habsburger. Zudem bot die alte Handelsstadt für alle Konfessionen ein günstiges Klima: Regensburg war seit 1542 offiziell protestantisch, verfügte aber weiterhin über die katholischen Klöster. Der Reichstag 1663 kam zu keinem Ergebnis bzw. Ende und entwickelte sich schließlich zu einer fortwährenden Institution, die bis zum Ende des Heiligen Römischen Reichs 1806 währte. Wenn ein Reichsstand selbst nicht anwesend war, ließ er sich von einem* ***Gesandten*** *vertreten. Den Kaiser vertrat der* ***Prinzipalkommissar,*** *den ab 1748 die Fürsten von Thurn und Taxis stellten. Nach dem wirtschaftlichen Niedergang am Ende des Mittelalters brachten die von Dienern und Hofdamen begleiteten Gesandtschaften und die vielen* ***internationalen Delegationen*** *aus dem europäischen Ausland einen neuen, barocken Glanz in die Stadt. Die engen Gassen der Altstadt waren erfüllt von ausgelassener Lebensfreude, Belustigungen wie Theater und prächtigen Festen, an denen sogar das einfache Volk teilnehmen konnte.*

Berühmte Persönlichkeiten in Regensburg

Hl. Wolfgang (um 924–994): *Der zeitweise in Ungarn tätige Missionar und auch politisch aktive Bischof von Regensburg gründete 975 in der Donaumetropole eine Domschule mit Chor, aus dem die weltberühmten Regensburger Domspatzen (s. S. 19) hervorgingen.*

Berthold von Regensburg (um 1210–1272): *Franziskaner und leidenschaftlicher Volksprediger, der sich gegen Ketzer, aber ebenso entschieden gegen Judenverfolgungen wandte. Seinen Reden sollen der Überlieferung zufolge bis zu 100.000 Menschen gelauscht haben. Sein Grabstein befindet sich in der Minoritenkirche* 15.

Albrecht Altdorfer (um 1480–1538): *Kupferstecher und Maler, der mit seinen Tafelbildern als Hauptvertreter der „Donauschule" (s. S. 33) gilt. Sein Regensburger Wohnhaus steht in der Oberen Bachgasse 7/Augustinergasse [E4/5]. Einige seiner Werke, darunter das Fresko der berühmten Badeszene aus dem Bischofshof, sind im Historischen Museum* 15 *zu sehen.*

Jakob Christian Schäffer (1718–1790): *Botaniker, Ornithologe und Erfinder, der 1767 die Schrift „Die bequeme und höchstvortheilhafte Waschmaschine" veröffentlichte. Zudem führte er zahllose – jedoch wenig erfolgreiche – Experimente zur Gewinnung von Papier aus Holz und sonstigen Pflanzenfasern durch.*

Karl Theodor von Dalberg (1744–1817): *Der Staatsmann, Schriftsteller und Freund von Schiller, Humboldt und Goethe war auch Bischof von Mainz, Konstanz, Worms und Regensburg, zudem auch Kurfürst und Reichserzkanzler. Als Entschädigung für linksrheinische Gebiete erhielt er 1802/03 das Fürstentum Regensburg, das er als Fürstprimas bis 1810 von der Residenz (dem heutigen Domschatzmuseum* 2*) aus regierte. Das Grabmal befindet sich im Regensburger Dom* 1.

Sandra Paretti (1935–1994): *Die Gesellschaftsromane und Erzählungen der eigentlich Irmgard Schneeberger genannten Regensburger Journalistin und Schriftstellerin – so „Rose und Schwert" und „Der Winter, der ein Sommer war" – wurden in fast 30 Sprachen übersetzt und erreichten eine Gesamtauflage von 30 Mio. Büchern. Ihr langjähriges Wohnhaus liegt auf dem Oberen Wöhrd* 45.

des Mittelalters und dokumentiert penibel die Einkaufs- und Verkaufspreise sämtlicher Waren zwischen 1383 und 1407. Die Aufzeichnungen enden im Sterbejahr von Matthäus Runtinger. Seine Frau Margarethe führte in diesen Jahren professionell die Geschäfte, wenn der Hausherr auf Handelsreisen – etwa in Wien, Prag oder Venedig – war. Matthäus starb ohne männlichen Erben, sodass mit ihm die Kaufmannsfamilie bereits nach zwei Generationen erlosch. Zum Gedenken an die tüchtige und versierte Frau fördert die Stadt Regensburg seit 1991 die Vereinbarkeit von Beruf und Familie sowie das berufliche Fortkommen von Frauen mit der Vergabe des **Margarethe-Runtinger-Preises.**

› Keplerstr. 1, Tel. 5071452, www.regensburg.de, geöffnet: Mo–Do 10–16, Fr 9–12 Uhr

39 Am Watmarkt ★ [F4]

Zu den Gassen, die den mittelalterlichen Charakter mit ihren Geschlechtertürmen (s. S. 44) und Erkern bis heute besonders gut bewahrt haben, gehört der Watmarkt. Er ist neben der parallelen Kramgasse die westliche Fortsetzung des Krauterermarkts. Der Name leitet sich ab von *wat*, das im Mittelhochdeutschen „Gewand“ bedeutet. Gehandelt wurde hier im 13. und 14. Jh. aber nicht mit irgendwelcher Kleidung, sondern mit den kostbarsten und nobelsten Tuchen aus Flandern, die den verwöhnten Regensburger Damen, Fräulein und Herrschaften, genauso aber auch den Händlern im fernen Venedig, Prag oder Kiew, gerade gut genug waren. Mit den kostbaren Stoffen unvorstellbar reich ist die aus Ingolstadt zugewanderte Familie der Ingolstetter geworden, die sich am **Watmarkt 4** um 1260 einen der schönsten Geschlechtertürme errichten ließen. Mit sechs Obergeschossen ragt er in den Himmel, die frühere Hauskapelle im Erdgeschoss wird heute gastronomisch genutzt. Auf italienische Vorbilder geht die schöne Loggia im ersten Stock zurück, die glücklicherweise nicht wie sonst üblich in späterer Zeit zugemauert wurde. Der heutige Name **Baumburgerturm** geht auf die Familie zurück, die ab dem 14. Jh. hier wohnte.

Bekannt ist auch das äußerlich recht unscheinbare Haus **Watmarkt 5:** Oskar Schindler, der während des Zweiten Weltkriegs ungefähr 1200 Juden vor dem Tod rettete, lebte von November 1945 bis Mai 1950 in Regensburg, die erste Zeit in diesem, wegen der vielen Flüchtlinge recht überfüllten Haus. Im 5. Stock des Anwesens des bis zur Goliathstraße reichenden Goliathhauses 40 liegt das **Turmtheater** (s. S. 100).

Ähnlich wie der Watmarkt haben auch zwei benachbarte und sich kreuzende Straßenzüge ihren mittelalterlichen Charakter bis heute bewahrt: die besonders enge **Tändlergasse** und die **Kramgasse**, beide nach Krämern und Tändlern benannt, also Händlern für kleinere Gegenstände bzw. gebrauchte Ware. Im Haus Tändlergasse 1 kam sehr wahrscheinlich einer der berühmtesten Söhne der Stadt, Don Juan d’Austria, zur Welt (s. S. 54).

40 Goliathhaus ★ [F4]

Lässig und des nahen Sieges gewiss stützt er seinen linken Arm auf den Fenstersturz, und mit einer Höhe von knapp drei Stockwerken ist er auch noch deutlich größer als in der Bibel beschrieben: Goliath in aufwendig verzierter Rüstung, wie er den wurfbereiten David mit der Schleuder zum Kampf herausfordert. Das riesige **Wandbild** stammt vom Salzburger Künstler Melchior Bocksberger, der es um 1570 schuf. Solche Fassadenzier war im 16. Jh. in Regensburg in Mode, hat sich aber nur hier am Goliathhaus erhalten, auch wenn es mehrfach verändert wurde.

Das Gebäude selbst geht auf das 13. Jh. zurück und verkörpert den **Idealtypus eines Regensburger Patrizierhauses.** Rechts der mächtige Geschlechterturm, links daran anschließend der eigentliche Wohntrakt, der sich bis zum südlich gelegenen Watmarkt 39 erstreckt. Aufgelockert und gegliedert wird die monumentale Fassade durch Rechteck- und Arkadenfenster, oben abgeschlossen durch einen Zinnenkranz und zwei kleine Erker. Sie dienen aber nur als Sym-

042rb Abb.: jb

bol der Macht und wären für eine wirkliche Verteidigung völlig ungeeignet. Das Anwesen gehörte einst der wohlhabenden Familie Thundorfer, deren bekanntester Spross, Leo Thundorfer, als 30. Bischof 1273 den Neubau des Doms im gotischen Stil veranlasste.

Der Name des Hauses leitet sich nicht (wie man leicht vermuten könnte) von dem großen Fassadenbild ab, sondern geht wohl auf die Goliarden zurück. Dies waren umherwandernde Theologiestudenten, die in diesem Haus ihre Herberge hatten und nach ihrem Schutzpatron Golias benannt waren.

In dem Gebäude befinden sich heute ein Geschäft und ein Restaurant.

› Goliathstraße 4

Monumentale Fassadenbilder wie dieses am Goliathhaus 40 gab es früher an zahlreichen Häusern der Altstadt

41 Salzstadel mit Besucherzentrum Welterbe Regensburg ★ [F3]

Die Handelsmetropole Regensburg lebte in der Vergangenheit maßgeblich vom Salzhandel auf der Donau und ihren Nebenflüssen. Das „weiße Gold“ wurde bei Bad Reichenhall und Hallein in der Nähe von Salzburg, den wichtigsten Anlagen zur Salzgewinnung im Ostalpenraum, gewonnen. Flussabwärts wurde es über Salzach und Inn bis Passau und weiter flussaufwärts bis zum Donauknie verfrachtet. Von dort transportierte man es auf dem Landweg mit Wagen nach Schwaben und in die Oberpfalz. Zur Zwischenlagerung errichtete man 1616–1620 direkt neben der Steinernen Brücke 44 den reichsstädtischen **Salzstadel.** Mit drei Haupt- und fünf Dachgeschossen übertrifft er noch heute den **Amberger Salzstadel** auf der westlichen Seite der Brückenauffahrt. Während jener seit seiner

EXTRATIPP

Urig und uralt – die Historische Wurstkuchl

Kulinarisches Aushängeschild Regensburgs, Touristenmagnet und eine der berühmtesten Wirtschaften Bayerns – das ist die Historische Wurstküche. Die von den Einheimischen nur „Wurstkuchl“ genannte Gaststätte an einem Rest der donauseitigen Stadtmauer soll die **älteste Bratwurststube der Welt** sein. Sie soll schon beim Bau der Steinernen Brücke 44 der Verpflegung der Arbeiter gedient haben. Tatsache ist, dass bereits 1369 eine „alte chuchen vor Prukk“ mit allen möglichen Arten von Fleischgerichten erwähnt wird. Für die Errichtung des Salzstadels 41 1651 musste die Garküche abgebrochen werden, die am heutigen Standort wieder errichtet wurde. Erst Anfang des 19. Jh. spezialisierte man sich auf die berühmten Schweinsbratwürste. Sie können in der nur 30 Sitzplätze fassenden Wirtsstube, in der Schenke nebenan oder – viel schöner und angenehmer – in der warmen Jahreszeit auf der großen Terrasse mit Aussicht auf Donau und Brücke verkostet werden (s. S. 92).

Sanierung als Studentenwohnheim dient, richtete man im Salzstadel das sehenswerte **Besucherzentrum Welterbe Regensburg** ein. Die Dauerausstellung präsentiert anschaulich mit Schautafeln, interaktiven Elementen und einigen aussagekräftigen Originalobjekten das Thema UNESCO-Welterbe und Stadtentwicklung.

› Weiße-Lamm-Gasse 1, Eingang bei der Steinernen Brücke, Tel. 5074410, www.regensburg.de, Eintritt: frei, geöffnet: ganzjährig tgl. 10–19 Uhr

42 Donau-Schiffahrts-Museum ★ [G3]

Gut vertäut liegen am **Marc-Aurel-Ufer**, inmitten der modernen Ausflugsschiffe, zwei Zeitzeugen der historischen Schifffahrt auf der Do-

Am Marc-Aurel-Ufer bilden die Freudenau und die Ruthof zusammen das Donau-Schiffahrts-Museum 42

043rb Abb.: jb

nau. Mit Modellen und Schautafeln wird hier auf anschauliche Weise Geschichte demonstriert. Ein Blick in die Kessel- und Maschinenräume macht die einstmals schwere Arbeit der Besatzung deutlich. Betrieben wird das Museum von einem Verein, der die Ausstellung mit viel Engagement laufend verbessert und aktualisiert.

Die **Freudenau**, ein typisches Motorzugschiff, lief 1941 in Linz vom Stapel und war bis 1993 in Betrieb, ehe sie als Museumsschiff hergerichtet wurde. Die Freudenau ist immer noch voll fahrtüchtig und wird bisweilen auch für kurze Rundfahrten eingesetzt.

Gewiss noch interessanter ist die Geschichte der größeren, 62 m langen **Ruthof**: 1921 in Regensburg auf der Christof-Ruthof-Werft – daher der Name – für die Bayerischer Lloyd AG gebaut, war das Schiff zwischen Passau und dem Eisernen Tor für das Schleppen von Kähnen im Einsatz. Vor dem Zweiten Weltkrieg auf Ölfeuerung umgestellt, wurde sie im Jahr 1942 wegen der Ölknappheit wiederum auf Kohle umgerüstet. In Ungarn lief sie dann auf eine Mine und sank. Nach ihrer Bergung und Wiederinbetriebnahme unter ungarischer Flagge diente das Schaufelradschiff noch kurz vor der geplanten Verschrottung als Kulisse für den Adventsvierteiler „Michael Strogoff" (1976). Vom Verein gekauft und instand gesetzt, zählt die Ruthof seit 1983 zu den ganz speziellen Museen Regensburgs.

› Thundorferstraße, Liegeplatz: Marc-Aurel-Ufer, Tel. 5075888, www.dsmr.de, Eintritt: 3 €, ermäßigt 2 €, Kombikarte mit Brückturm-Museum: 4 €, ermäßigt: 3 €, geöffnet: April bis Okt. Mi–So 10–17 Uhr

43 Museum der Bayerischen Geschichte ★★ [G4]

Das 2019 eröffnete Museum bietet auf unterhaltsame und sachlich fundierte Weise einen Überblick über die **bayerische Geschichte der letzten beiden Jahrhunderte.** Die Dauerausstellung „Wie Bayern Freistaat wurde und was ihn so besonders macht" zeigt anhand von neun imaginären Vertretern ihrer Generation und moderner Medientechnik die **historische und kulturelle Entwicklung** des größten deutschen Bundeslands: Von der Proklamation zum Königreich (1806), als Bayern ein einfacher **Agrarstaat** war, zum heutigen modernen **Industriestandort,** dessen Produkte wie beispielsweise BMW oder Audi Weltgeltung besitzen. Dabei kommen Themen wie der Mythos Ludwig II., der Aufstieg Hitlers in München und die Katastrophe der NS-Zeit, das Wirtschaftswunder oder die Wendejahre am Ausgang des 20. Jh. nicht zu kurz.

Neben den bekannten großen Geschichten werden beim Rundgang auch kleine, ganz **persönliche Schicksale** erzählt. Zur Einstimmung empfiehlt sich die 20-minütige Vorführung im **360°-Panorama.** Für das leibliche Wohl sorgt das **Wirtshaus im Museum** (s. S. 93).

› Donaumarkt 1, Tel. 598510, www.museum.bayern, Eintritt: 5 €, ermäßigt 4 €, Führungen: Di–Fr 11 und 14, Sa 11, 14 und 16, So 11, 14, 15 und 16 Uhr, Preis: 4 €, geöffnet: Di–So 9–18 Uhr, evtl. abweichend während Sonderausstellungen

Die Steinerne Brücke mit dem ehemaligen riesigen Salzstadel 41

044rb Abb.: jb

44 Steinerne Brücke ★★★ [F3]

Neben dem Dom ist die Steinerne Brücke das Wahrzeichen Regensburgs. Das Meisterwerk der mittelalterlichen Ingenieurskunst wurde im 12. Jh. überschwänglich als Weltwunder gefeiert. Wenigstens einmal sollte man die Brücke in ihrer vollen Länge bis nach Stadtamhof überschreiten, ist sie doch die älteste in ihrer ursprünglichen Größe erhaltene Brücke nördlich der Alpen.

Regensburg liegt am nördlichsten Punkt der Donau und war im Mittelalter Verkehrsknotenpunkt wichtiger Handelsstraßen. Abgesehen von einer kurzzeitigen Schiffsbrücke zur Zeit Karls des Großen und einiger nicht sehr beständiger Holzbrücken beförderte man Personen und Güter jahrhundertelang umständlich und nicht ganz gefahrlos mittels **Fähren über die Donau.** Mit dem politischen und wirtschaftlichen Aufstieg Regensburgs im hohen Mittelalter wurde die **sichere und ganzjährige Überquerung des Stroms** ein immer dringlicheres Bedürfnis von Bürgerschaft und Fernkaufleuten. Regensburg brauchte eine Brücke aus Stein, die nicht nach jedem Eisstoß und Hochwasser immer wieder neu errichtet werden musste.

Wann und von wem die Planungen zur Errichtung genau ausgingen, ist nicht bekannt, doch dürften alle, die vom Brückenbau profitierten – Bi-

KURZ & KNAPP

Das mittelalterliche Weltwunder in Zahlen

- Bauzeit: 1135–1146
- Länge: 336 m, davon 309 m sichtbar
- Breite: 8 m
- Höhe: 15 m (Gründung–Gehweg)
- Anzahl der Brückentürme: 3, davon 1 erhalten
- Anzahl der Bögen: 16, davon 14 sichtbar
- Komplettsanierung: 2010–2018

EXTRATIPP

Die Steinerne Brücke von oben

Vom **Brückturm-Museum** (s. S. 86) im letzten noch erhaltenen alten Brückenturm genießt man eine **erstklassige Aussicht** auf die Dächerlandschaft des historischen Zentrums sowie auf das mittelalterliche Weltwunder der Steinernen Brücke 44 bis hinüber nach Stadtamhof.

schof, bayerischer Herzog und Patrizier – zur **Finanzierung** beigetragen haben. Die Herausforderung war enorm, ging doch das technische Know-how der Römer für Ingenieursbauten in der Spätantike verloren. Im extrem trockenen und heißen Sommer 1135 war die Gelegenheit zum Brückenbau so günstig wie nie zuvor: Als Fundament dienten hölzerne Schwellenroste, auf denen die mächtigen **Pfeiler** hochgezogen wurden. Schließlich mauerte man die **16 Bögen**, die bis zu stattliche 17 m weit sind.

1146 war die 336 m lange und etwa 8 m breite „Steinerne" vollendet und Regensburg um eine Attraktion reicher. Begeistert feierten die Zeitgenossen die technische Großtat als *pons gloriosus* („ruhmvolle Brücke") und *pons optimus* („beste Brücke"), und 1569 zollte der Meistersinger Hans Sachs aus dem konkurrierenden Nürnberg dem Bauwerk seinen Respekt: „Der prueck gleicht kaine in Deutschland" – keine Übertreibung, war das Bauwerk doch die einzige Steinbrücke über die Donau zwischen Ulm und Wien. Es wurde ein eigenes **Brückensiegel** geschaffen, dessen Emblem heute noch von der Universität Regensburg verwendet wird. Über 800 Jahre diente die Brücke als **Vorbild für weitere große Steinbrücken** u. a. in Dresden, Prag, London und Avignon.

Die besondere Beständigkeit der Konstruktion ist nicht zuletzt auf die **Beschlächte** zurückzuführen, große linsenförmige Vorlagen, die die Pfeiler vor Unterspülung schützen. Durch ihre Breite verringert sich der Durchlass des Wassers auf etwa ein Drittel, sodass ein Rückstau des Oberwassers und unter der Brücke selbst eine schnellere, für Schiffe gefährliche Strömung mit Strudeln entsteht. Viel Erfahrung der Schiffsleute bedurfte es, die flachen Plätten und Kähne durch die Engstellen zu manövrieren.

Auf den einzelnen Plattformen standen zahlreiche **Walk-, Mahl- und Schleifmühlen,** bis ein verheerender Eisstoß sie 1784 zerstörte. Die Brücke war neben dem wichtigsten nördlichen Zugang zur Stadt auch ein großes Wasserkraftwerk. Flussaufwärts wurden die Fahrzeuge an einem Uferkanal entlang getreidelt. Aufgrund der Zunahme der Schifffahrt wurden 1848 die Beschlächte der ersten fünf Brückenpfeiler deutlich verringert.

Viele Jahre war das Passieren der Brücke unentgeltlich, doch erforderten die **hohen Kosten**, vor allem die Reparaturen nach Eisgängen und Hochwassern, ab dem 14. Jh. die Erhebung von Zöllen, die auf Tuch, Wollwaren, Wein und Met erhoben wurden; später kam für Fuhrwerke noch eine Brückenmaut hinzu.

Um Feinden den Zugang in die Stadt zu verwehren, befestigten die Regensburger Ende des 12. Jh. das Bauwerk mit drei Türmen: an den Brückenköpfen und über dem 12. Pfeiler. Erhalten ist heute nur der südliche **Brückenturm**, in dem ein kleines **Museum** über die Entstehung und Geschichte der Brücke informiert. Die heutige Bedachung mit Uhr und zierlicher Laterne geht auf das Jahr 1648 zurück, nachdem das Tor im

Dreißigjährigen Krieg von den Schweden stark beschädigt worden war. Damals wurde auch der Mittelturm abgebrochen, während man den nördlichen, den sogenannten Schwarzen Turm, erst nach dem Beschuss von Stadtamhof 1809 durch die österreichischen Truppen abgetragen hatte.

An der Front Richtung Donau erkennt man über dem Bogen die Kopien dreier mittelalterlicher **Herrscherskulpturen**, die Originale sind im Historischen Museum 15. Sie waren am mittleren und nördlichen Brückenturm angebracht und stellen Kaiser Friedrich II. (in der Mitte), König Philipp von Schwaben und dessen Gemahlin Irene dar. Beide Monarchen verliehen der Stadt 1230 bzw. 1245 umfangreiche Rechte und Freiheiten. Die bekannteste Figur ist das auf einem Unterbau mit Satteldach reitende **Bruckmandl** (Brückenmännchen) am Scheitelpunkt der westlichen Brüstung. Die Deutung der 1854 nach mittelalterlichen Vorlagen geschaffenen Skulptur ist umstritten: Nach einer Legende stellt sie den Brückenbaumeister dar.

KURZ & KNAPP

Brückenpreis

Aus Anlass der 750-jährigen Stadtfreiheit stiftete die Stadt Regensburg 1995 erstmals den **Brückenpreis.** Diese Auszeichnung wird an Institutionen und Persönlichkeiten verliehen, die traditionelle Gegensätze oder Grenzen auf nationaler, politischer, sozialer, religiöser oder kultureller Ebene überwinden. Der Preisträger erhält den **Doppelten Nepomuk,** eine Bronzeskulptur des hl. Johannes von Nepomuk, der 1393 in Prag den Märtyrertod erlitt, als man ihn von der Moldaubrücke in den Fluss stieß.

Eindringendes Niederschlagswasser und die Belastunges des Auto- und Straßenbahnverkehrs in früherer Zeit haben die Konstruktion arg in Mitleidenschaft gezogen. Deshalb wurde die Brücke in der jüngeren Vergangenheit umfassend saniert, wobei u. a. Betonelemente von früheren Restaurierungen durch witterungsbeständige Granitsteine ersetzt wurden.

Bruckmandls Pakt mit dem Teufel

Zum bekannten Legendenschatz der Stadt gehört auch die Geschichte vom Bruckmandl: Der ***Dombaumeister*** *schloss mit dem* ***Brückenbaumeister*** *eine Wette ab, wer zuerst sein Werk vollendet haben wird.*

Nachdem Letzterer bald in Verzug geraten war, ließ er sich auf einen Pakt mit dem ***Teufel*** *ein, der die ersten drei Seelen, die über die Brücke gehen werden, für seine Hilfe forderte. Als sie in nur elf Jahren fertig war, forderte der Teufel den vereinbarten Lohn. Um kein Menschenleben zu opfern, schickte der listige Brückenbaumeister einen Hund, einen Hahn und eine Henne zuerst über die Brücke. Außer sich vor Wut versuchte der betrogene Teufel das Bauwerk wieder zu zerstören und stemmte sich mit aller Kraft gegen die Konstruktion. Die* ***solide gebaute Brücke*** *hielt dem Druck stand, doch seitdem ist sie nach oben und zur Seite leicht gekrümmt.*

Entgegen der Erzählung war die Brücke allerdings lange vollendet, als 1273 mit dem Bau des Doms begonnen wurde.

045rb Abb.: jb

Die Donauinseln

Eine Erholung vom Touristenrummel in den engen Gassen des historischen Zentrums versprechen die weitläufigen Grünanlagen der Donauinseln.

Nach dem mitteldeutschen Wort *werd* für „von Wasser umgebenes Land" werden die Inseln „Wöhrd" genannt, ähnlich dem norddeutschen „Werder". Oberer Wöhrd und die mit ihm verbundene Jahninsel sowie der Untere Wöhrd locken nicht mit großen Sehenswürdigkeiten. Ihr Reiz liegt vielmehr in der **Ruhe, Naturnähe sowie Allgegenwart der Donau.** Die langen Wege begeistern zu jeder Jahreszeit mit beschaulichen Spaziergängen und im Sommer laden die Grünflächen zusätzlich zum Picknicken ein.

45 Oberer Wöhrd ★ [E2]

Sehr dünn besiedelt war einst der **Obere Wöhrd,** auf dem im ausgehenden Mittelalter nur ein paar Schiffer- und Fischerfamilien wohnten. Ab dem 16. Jahrhundert kamen einige Mühlen hinzu, die sowohl den reichsstädtischen Eisenhammer, eine mit Wasserkraft angetriebene Hammerschmiede, als auch Papier- und Sägewerke betrieben.

Entlang der Badstraße und der parallel verlaufenden Lieblstraße reihen sich barocke **Schiffsmeisterhäuser** sowie klassizistische **Villen.** Im Anwesen Badstraße 20 [E2] wuchs die erfolgreiche Regensburger Romanautorin Irmgard Schneeberger auf, die unter ihrem Künstlernamen Sandra Paretti (s. S. 60) weltberühmt wurde. Die Nutzung als Naherholungsgebiet der Bürgerschaft hat auf dem Oberen Wöhrd eine lange Tradition. Bereits 1654 pflanzte man hier zwei schattenspendende Alleen mit Nussbäumen, Erlen, Linden und Eichen.

Mit dem Oberen Wöhrd verbunden und auch direkt über eine Rampe von der Steinernen Brücke 44 oder vom Grieser Steg aus zugänglich ist die ursprünglich selbstständige **Jahninsel.** Sie ist weitgehend naturbelassen und in der warmen Jahreszeit bei Jung und Alt gleichermaßen beliebt zum Grillen, Entspannen und Sonnenbaden.

046rb Abb.: jb

46 Unterer Wöhrd ★ [H3]

Ein künstlicher Damm, das sogenannte **Hammerbeschlächt**, führt unter der „Steinernen" 44 vom Oberen zum **Unteren Wöhrd.** Die Insel war jahrhundertelang von Schiffsleuten, Flößern und Handwerkern besiedelt, die von der Lage an der Donau profitierten. Das einst weitgehend isolierte Eiland eignete sich auch zur Unterbringung von Personen mit ansteckenden Krankheiten, weshalb sich am östlichen, „Spitz" genannten Ende bis ins 18. Jh. ein Pestlazarett befand. Der Untere Wöhrd ist heute über die Eiserne Brücke mit der Altstadt und über den Grieser Steg mit Stadtamhof verbunden.

EXTRATIPP

Fotografen aufgepasst!

Erstklassige **Panoramafotos** mit Donau, Steinerner Brücke 44 und der markanten Silhouette des historischen Zentrums kann man am besten spätnachmittags vom **Eisernen Steg,** der Verbindung von Oberem Wöhrd 45 mit der Altstadt, schießen.

Stadtamhof

Die Geschichte des jenseits der Donau sich entwickelnden Stadtamhof, einst „Vorstatt" oder „Stat am Hoff bey Regensburg" genannt, reicht annähernd 1000 Jahre zurück.

Ursprünglich eine von Regensburg unabhängige Siedlung, profitierte das seit etwa 1250 dem bayerischen Herzog zugehörige Dorf im Mittelalter vom wirtschaftlichen Aufschwung der Fernhandelsmetropole und vor allem vom Bau der Steinernen Brücke 44, auf die die Stadtamhofer Hauptstraße ausgerichtet ist. Wer von der Freien Reichsstadt die „Steinerne" überschritt, befand sich – mit Ausnahme des St. Katharinenspitals 47 – im oft genug feindlichen wittelsbachischen Ausland. 1496 verlieh der bayerische Herzog Albrecht IV. dem Ort die Stadt-

Künstler am Oberen Wöhrd malen mit Vorliebe die Altstadt

Die Jahninsel zwischen Stadtamhof und dem Eiland Unterer Wöhrd

rechte. Die Grenzsituation änderte sich erst 1810, als das Fürstentum Regensburg an das Königreich Bayern fiel; eingemeindet wurde Stadtamhof erst 1924.

Die unmittelbare Nähe zur Freien Reichsstadt wirkte sich bei Kampfhandlungen aber auch ungünstig aus: Stadtamhof wurde sowohl beim Angriff der Schweden 1633 während des Dreißigjährigen Kriegs als auch bei der Schlacht von Regensburg 1809 zwischen französischen und österreichischen Truppen nahezu gänzlich zerstört. Mittelalterliche Gebäude fehlen daher fast völlig, die Häuser entlang der breiten Hauptstraße führte man in einem einheitlichen schlichten Stil wenige Jahre später aus.

Entlang der Andreasstraße fällt ein Gebäude mit seinen ausladenden Dimensionen auf: Im 1597 errichteten **Andreasstadel** wurden ebenso wie im reichsstädtischen Salzstadel 41 am südlichen Donauende riesige Mengen Salz gelagert. In dem auch als kurbayerischer Salzstadel bezeichneten Bau befinden sich seit der umfassenden Sanierung 2004 ein Hotel, ein Künstlerhaus und ein Kino (s. S. 100).

› Bus 17, Haltestelle: Stadtamhof

47 St. Katharinenspital ★ [F2]

Die vielleicht wichtigste Wohlfahrtseinrichtung Regensburgs war bis in das 19. Jh. hinein das St. Katharinenspital. Es gehörte als Exklave im bayerischen Stadtamhof noch zur Freien Reichsstadt und war durch eine hohe Mauer abgeschirmt. Der ganze um 1220 geschaffene Komplex mit Infirmerie (Krankentrakt) für rund 100 Patienten, Wirtschaftsgebäuden, Kirche, Gaststätte und Brauhaus zählte

„Über die Donau heiratet man nicht!“

Das wiederholt von ***gegenseitigen Schikanen und Konflikten*** *geprägte Nebeneinander der Freien Reichsstadt Regensburg und des zu Bayern gehörenden herzoglichen bzw. kurfürstlichen Stadtamhof spiegelt sich auf vielfältige Weise wider. So enthielt das* ***Wappen*** *von Stadtamhof wie Regensburg den Schlüssel, doch nicht nur gedoppelt, sondern als Provokation und Überhöhung gleich dreifach.*

Mehr als einmal kam es zu einem ***Treppenwitz der Geschichte,*** *so beispielsweise 1782: Als die Freie Reichsstadt auf dem Alten Kornmarkt 9 Bäume zur Verschönerung pflanzen ließ, erhob der bayerische Monarch erneut seinen Anspruch auf den traditionsreichen Platz, dem Ort der früheren agilolfingischen und wittelsbachischen Residenz. In seinem Auftrag wurden also die Bäume gefällt und durch eigene – nun eben bayerische – ersetzt.*

Auch heute noch verstehen sich die Bewohner von Stadtamhof in erster Linie als Stadtamhofer und dann erst als Regensburger, was sich auch bei offiziellen Anlässen in der ***Beflaggung*** *ausdrückt: Während die Regensburger bevorzugt die schwarz-rot-goldenen Bundesfarben hissen, ziehen die Stadtamhofer die weiß-blauen Rauten vor. Und natürlich war es jahrhundertelang ein* ***absolutes Tabu,*** *seinen Lebenspartner aus dem jeweiligen anderen „Lager“ zu wählen, was aber inzwischen längst der Vergangenheit angehört.*

KLEINE PAUSE

Ausspannen beim Brückenbasar

Dort, wo sich bis zum Abbruch 1810 der trutzige Schwarze Turm der Steinernen Brücke (44) und seine angrenzenden Befestigungen erhob, breitet sich heute der beschauliche, an eine **kleine italienische Piazza erinnernde Brückenbasar** aus [E2]. Die Cafés und Restaurants in den zwei L-förmigen klassizistischen Flügelbauten beiderseits der Stadtamhofer Hauptstraße laden geradezu zum Verweilen ein – insbesondere im Sommer lässt es sich unter den großen Sonnenschirmen wunderbar aushalten.

zu den größten Spitälern Mitteleuropas. Aufgrund des hohen Ansehens profitierte diese Einrichtung – zunächst Krankenhaus für Arme, später dann Wohnstatt von Pründnern, also Altersheim für bedürftige Bürger – von zahlreichen Stiftungen. Noch heute dient das weitläufige Anwesen als Alten- und Pflegeheim.

Wie Stadtamhof selbst wurde die Anstalt 1633 und 1809 fast ganz zerstört und in der ersten Hälfte des 19. Jh. wieder aufgebaut. Nicht versäumen sollte man den an die Donau grenzenden **Spitalgarten** (s. S. 94), der unter den stimmungsvollsten Biergärten der Stadt rangiert. Die hiesige Brauerei ist die letzte von einst 14 in Stadtamhof, wo die Tradition des Bierbrauens bis in das 13. Jh. zurückgeht.

Architektonisch ungewöhnlich und daher näherer Betrachtung wert ist die frühgotische **Spitalkirche St. Katharina**. Kern ist ein sechseckiger Zentralbau, den der wohlhabende Regensburger Kaufmann Heinrich Zant 1287 als sein eigenes Mausoleum konzipieren ließ. Das Bauwerk gilt damit als **älteste Grablege eines Patriziers** im deutschsprachigen Raum. An den Zentralbau fügte man im ausgehenden Mittelalter im Osten einen Chor und im Westen ein kurzes Langhaus an. Aus dem einstigen Mausoleum wurde nun die Pfarrkirche des Spitals.

(48) St. Mang ★ [F2]

Wenige Schritte vom **Brückenbasar** erhebt sich die stattliche Fassade des ehemaligen Augustiner Chorherrenstifts St. Andreas und St. Mang, das meist nur **St. Mang** genannt wird. Der hl. Magnus, auch als hl. Mang bekannt, soll im 8. Jh. als Einsiedler in Füssen gewohnt haben. Er wurde vor allem im Allgäu und in Tirol verehrt. Vorbild für die Stadtamhofer Stiftung

047rb Abb.: jb

Der barocke Kirchturm von St. Mang in Stadtamhof

EXTRATIPP

Spaziergang auf die Winzerer Höhen

Nördlich von Stadtamhof, im Stadtbezirk Steinweg-Pfaffenstein, erstreckt sich ein Höhenzug und Landschaftsschutzgebiet, das vom **Dreifaltigkeitsberg** im Osten bis zu den **Winzerer Höhen** im Westen reicht. Auf dem heute stark aufgeforsteten Abhang wurde jahrhundertelang Wein angebaut, im 19. Jh. auch kurzzeitig eine Maulbeerbaumplantage zur Seidengewinnung betrieben. Besonders an sonnigen Tagen bieten sich von mehreren Aussichtspunkten dort oben fantastische Fernsichten auf das turmreiche Regensburg.

Ausgangspunkt des etwa 7,5 km langen Spaziergangs sind die beiden flankierenden Türme eines Torbaus im Norden von Stadtamhof. Der Weg führt rechts in die Gräßlstraße, dann links über die Protzenweiherbrücke immer geradeaus, die mehrspurige Frankenstraße überquerend. Nun in der Drehergasse, steht rechts das auffällige „bunte Haus". Noch etwas weiter geradeaus geht es dann links in die Schwandorfer Straße. Rechter Hand beginnt nun der Anstieg auf dem Dreifaltigkeitsbergweg, der zur gleichnamigen Dreifaltigkeitskirche führt, die anlässlich eines Pestjahres errichtet wurde (1713–1715). Etwas weiter passiert man links den Spitalkellerweg. An dessen unterem Ende befindet sich der gleichnamige Biergarten (s. S. 94), der sich beim Rückweg dieses Spaziergangs zur Einkehr anbietet.

Der Weg geht immer weiter in westlicher Richtung, zunächst auf dem Österreicherweg mit einem neugotischen Denkmal. Man überquert eine Straße, den Schelmengraben, und hält sich rechts, die Anhöhe weiter hinauf. Nach Passieren eines stattlichen orangefarbenen Baus, des einstigen Wirtschaftsgebäudes der Seidenraupenzucht, folgt man dem Weg Auf der Winzerer Höhe ungefähr 2 km weiter (bis zur zweiten Weggabelung), wobei sich linker Hand mit zwei Waldlichtungen schöne Aussichten auf die Stadt bieten.

Um wieder zurück nach Stadtamhof zu gelangen, nimmt man am besten den selben Weg.

› Der Spaziergang dauert 1½ bis 2 Stunden, die beste Zeit ist spätnachmittags, da man von Nordwesten auf die Stadt blickt. Streckenbeschaffenheit: Treppen und Kieswege mit An- und Abstiegen, gutes Schuhwerk ist empfehlenswert. Startpunkt und Verlauf des Spaziergangs sind mit einer **rötlichen Linie** im Kartenmaterial gekennzeichnet.

war das Chorherrenstift S. Maria in Porto bei Ravenna in Italien.

Nach der Zerstörung der mittelalterlichen Klostergebäude im Jahre 1634 während des Dreißigjährigen Kriegs wurde die Kirche 1697–1717 wieder aufgebaut, doch erst Mitte des 18. Jahrhunderts im Stil des Rokoko mit Stuckaturen und Fresken ausgeschmückt. Blickfang des saalartigen hohen Innenraums sind der Hochaltar mit salomonischen (gedrehten) Säulen und das **Deckengemälde** „Triumph der Heiligen Andreas und Magnus" des Regensburger Malers Otto Gebhard.

Der **Turm** mit seiner patinierten Kupferhaube wurde erst im Jahr 1875 ausgeführt. 1803 wurden die Stiftsgebäude säkularisiert und beherbergen heute die Hochschule für Katholische Kirchenmusik und Musikpädagogik. Die 1874 gegründete Institution ist damit eine der weltweit ältesten Ausbildungsstätten ihrer Art.

› Andreasstr. 13, Kernöffnungszeit: tgl. 9–17 Uhr, www.st-magn-regensburg.de

Der Alleengürtel um die Altstadt

Die Regensburger Altstadt ist an der Landseite von einem gut 3,5 Kilometer langen und unterschiedlich breiten **Grüngürtel** umgeben. Die gleich einem großen Bogen aneinandergereihten Parks und Alleen schirmen das historische Zentrum von der unter touristischen Aspekten nicht ganz so attraktiven Neustadt ab.

Sie haben eine ganz eigene, bemerkenswerte Entstehungsgeschichte: Die Freie Reichsstadt war seit der Ummauerung 1330 bis zum Ende des 18. Jh. nicht über das mittelalterliche Wohngebiet hinaus gewachsen. Dann trat **Fürst Karl Anselm von Thurn und Taxis** auf den Plan. Der musik- und naturliebende kaiserliche Prinzipalkommissar setzte nach Jahrhunderten der Stagnation „zur Zierde der Stadt und zur Gesundheit der Einwohnerschaft" einen neuen städtebaulichen Akzent. 1779–1781 stiftete er mit 12.007 Gulden den Regensburger Bürgern vor der alten Stadtmauer eine Allee mit 1500 Bäumen, die nach ihm benannte **Fürst-Anselm-Allee** [C4-E6]. Wenige Jahre später erweiterte man 1806 einzelne Abschnitte dieser Allee zu großen Parkanlagen und schmückte sie nach dem Vorbild englischer Landschaftsgärten mit Denkmälern.

Heute schließen sich an den Alleengürtel der Herzogspark 49, der Stadtpark 50, der Dörnberg-Park 51, der Fürst-Anselm-Park 52, der Karl-Freitag-Park und der Villapark 54 an. Die alte Stadtmauer und der vorgelagerte Graben wurden ab 1858 nach und nach abgebrochen bzw. zugeschüttet. Sie sind heute nur noch in kleinen Teilen erhalten, so etwa das **Emmeramer Tor** beim Fürstlichen Schloss Thurn und Taxis 18.

49 Herzogspark mit Naturkundemuseum Ostbayern ★★ [B2]

Am nordwestlichen Ende der Altstadt, dort wo der mittelalterliche Mauerring auf die Donau traf, liegt der Herzogspark. Für viele Regensburger ist die Grünanlage die schönste der Stadt, ihr Reiz liegt in der Vielfalt der einzelnen Bereiche. Ältester Teil ist das 1293 errichtete und im Sommer begehbare **Prebrunntor** mit einem kleinen Stück der Stadtmauer; die **Bastion** weiter unten wurde im 16. Jh. erbaut und während des Dreißigjährigen Kriegs nochmals erweitert. Seit der Umgestaltung vor rund 200 Jahren stellt sich das ganze Areal als Landschaftsgarten dar, wobei man auf „künstliche Ruinen" getrost verzichten konnte. Sitzbänke begrenzen den hübschen **Renaissancegarten** mit Blumenrabatten, im **Rosengarten** nahe der Donau erfreut das Plätschern eines kleinen Brunnens.

Am Rand des Parks fällt das repräsentativ mit Relieffriesen dekorierte **Württembergische Palais** auf. Das klassizistische Gebäude ist nach dem deutschen Naturforscher Herzog Paul Wilhelm von Württemberg benannt, der 1829 als erster die Quellen des Missouri entdeckte. Die Räume beherbergen das bei Familien und Kindern sehr populäre **Naturkundemuseum Ostbayern.** Es vermittelt erlebnisorientiert erdgeschichtliche Grundlagen, ökologische Zusammenhänge, den Lebensraum Wald u. v. m.

› **Naturkundemuseum Ostbayern,** Am Prebrunntor 4, Tel. 5073443, www.nmo-regensburg.de, Eintritt: 5 €, erm. 3 €, geöffnet: Mo 9–12, Di–Fr 9–16 So 10–17 Uhr, Sa/feiertags geschlossen, Kinderangebote (s. S. 124)

KLEINE PAUSE

Gaststubn unter den Linden

Das **Cafe unter den Linden** lobten schon die Regensburger im 18. Jh. wegen des großen Biergartens, der gemütlichen Gaststubn und der bayerischen Spezialitäten wie Schweinsbraten in Dunkelbiersoße oder gebackene Weißwurst. Entgegen dem ersten Eindruck des Namens handelt es sich um ein Wirtshaus mit zugehörigem Biergarten, nicht um ein Café.

2 [B4] **Cafe unter den Linden** €-€€, Dr.-Johann-Maier-Str. 1, Tel. 26196, www.cafeunterdenlinden.de, geöffnet: tgl. 10–24 Uhr, warme Küche bis 22.30 Uhr

50 Stadtpark mit Kunstforum Ostdeutsche Galerie ★ [A4]

Die mit 8,5 ha weitläufigste Grünfläche Regensburgs ist der 1910 gestaltete Stadtpark. Vor der Auffüllung des Geländes befand sich hier der wichtigste Steinbruch der Stadt. Um einen See wechseln sich Baumgruppen, überwiegend Linden, mit Wiesen ab, die in warmen Sommermonaten zum Picknick einladen. Die Freiflächen dienten früher als Begräbnisstätte, wovon noch die katholische und evangelische Friedhofskapelle sowie der **Jüdische Friedhof** am westlichen Parkrand mit zahlreich erhaltenen Grabsteinen zeugen.

In einem Rokokohäuschen aus dem späten 18. Jh. bietet das **Regensburger Figurentheater im Stadtpark** (s. S. 124) Unterhaltung für Jung und Alt.

An moderner und zeitgenössischer Plastik, Grafik und Malerei Interessierte kommen im **Kunstforum Ostdeutsche Galerie** (KOG) auf ihre Kosten. Die Sammlung umfasst großteils Werke aus den ehemaligen deutschen Siedlungsgebieten in Ost- und Südosteuropa von der Romantik bis zur Gegenwart und wird durch Neuerwerbungen bisher noch weniger bekannter Künstler ständig erweitert. Klassiker der Kunstgeschichte wie Corinth, von Menzel, Pechstein, Schmidt-Rottluff, Kokoschka und Kollwitz sind mit bedeutenden Arbeiten in der permanenten Schausammlung vertreten. Regelmäßig gibt es **Sonderausstellungen** von der Klassischen Moderne bis zur aktuellen Gegenwartskunst. Das KOG versteht sich außer als Museum auch als ein Ort des kulturellen Dialogs zwischen Deutschland und seinen östlichen Nachbarn.

› **Kunstforum Ostdeutsche Galerie,** Dr.-Johann-Maier-Str. 5, Tel. 297140, www.kunstforum.net, Eintritt: 6 €, ermäßigt 4 €, geöffnet: Di–So 10–17, Do 10–20 Uhr

51 Dörnberg-Park ★ [B5]

Westlich des eigentlichen Alleengürtels erstreckt sich der wegen seines rund 150 Jahre alten Baumbestands geschätzte Dörnberg-Park. Philipp Reichenberger, der jüdische Hoffaktor (Kaufmann eines Herrschers für Luxuswaren) der Fürsten von Thurn und Taxis (s. S. 37), ließ hier 1804–1806 nach Plänen von Emanuel d'Herigoyen eine klassizistische Villa in der Vorstadt errichten. Das **Palais** gehört zu den ersten Bauten, die den mittelalterlichen Verteidigungsring hinter sich ließen und damit den Beginn der modernen Stadtentwicklung Regensburgs kennzeichnen. Das Anwesen erwarb 1832 Freiherr Ernst Friedrich von Dörnberg, der den nach ihm benannten Park beträchtlich vergrößern ließ. Die bewusst als Gegensatz zum italienisch-französischen Barockgarten angelegten englischen Landschaftsgärten waren im 19. Jh. modern, sodass Dörnberg den königlich bayerischen Hofgärtner Carl von Effner zu einer entsprechenden Umgestaltung beauftragte. Aus jener Zeit stammt auch das **Schweizer Haus,** ein großzügig konzipiertes Gartenhaus im Schweizer Landhausstil mit wunderschönem vorgelagerten **Rosarium** (s. S. 97), das heute als Bistro-Restaurant seine Gäste mit Gaumenfreuden verwöhnt. Der Park und seine Gebäude stehen seit 1947 unter Denkmalschutz.

52 Fürst-Anselm-Park ★★ [F6]

Zwischen der Maximilianstraße 16 und dem Fürstlichen Schloss Thurn und Taxis 18 erstreckt sich in Bahnhofsnähe der Fürst-Anselm-Park. Besonders die kleinen Wasserspiele und Denkmäler im östlichen Teil laden zum Verweilen ein. Der größere westliche Abschnitt gehört zum Schlosspark und ist öffentlich nicht zugänglich. 1806 erbaute die Stadt zu Ehren des Stifters Fürst Karl Anselm (s. S. 73) den großen **Obelisken.** Gemäß dem Motto „Tue Gutes und rede darüber" wollte er sich nach eigener Aussage mit der Allee bereits zu Lebzeiten ein Denkmal setzen

Neben dem St.-Peters-Weg fällt die sogenannte **Predigtsäule** ins Auge, ein gotisches Monument des 14./15. Jh. Unter der Kreuzigungsdarstellung wechseln sich im Relief verschiedene Szenen aus dem Alten und Neuen Testament ab. Wenige Schritte weiter zeigt sich das von einer Baumgruppe umgebene **Keplerdenkmal** (1859) des in Regensburg so gefragten Architekten Emanuel d'Herigoyen. Der kleine dorische Monopteros (Rundtempel) hält die Erinnerung an den 1630 in Regensburg verstorbenen Astronomen und Mathematiker Johannes Kepler 37 wach.

KLEINE PAUSE

Beim Milchschwammerl

Ein **Café** ganz spezieller Art sticht bei der Fürst-Anselm-Allee, zwischen Keplerdenkmal und Albertstraße, ins Auge: der Milchschwammerl. Die originelle Idee geht auf die Nachkriegszeit zurück, als eine Allgäuer Milchfirma insgesamt 40 solcher **Fliegenpilze als „Milchverbrauchswerber"** in verschiedenen Orten aufstellen ließ. Heute gibt es nur noch vier Überlebende dieser Art, und der 1954 in Regensburg aufgestellte Schwammerl mit ein paar Sitzplätzen steht seit einigen Jahren sogar unter **Denkmalschutz.**

3 [F7] **Milchschwammerl,** Albertstr. 14, geöffnet: März–Nov. So–Fr 9.30–18 Uhr

53 Ostentor ★ [I5]

Am Ende der Ostengasse, einst die wichtige Ausfallstraße in Richtung Straubing und Wien, erhebt sich neben dem Villapark 54 eindrucksvoll das einzige noch fast komplett erhaltene Stadttor Regensburgs.

Ebenso wie im Westen entwickelte sich auch im Osten vor der römischen Lagermauer im frühen Mittelalter die **Ostnerwacht,** eine Vorstadt, die Anfang des 14. Jahrhunderts ummauert wurde. Mit fünf Geschossen beim **Hauptturm** und den zwei östlich angebauten achteckigen **Flankentürmen** mit Zinnenkranz ist das Ostentor ein Musterbeispiel für ein gotisches

049rb Abb.: jb

Wehrhaft: das exzellent erhaltene Ostentor

050rb Abb.: jb

Die Königliche Villa – Mitte des 19. Jh. für Maximilian II. errichtet

Stadttor. Auf der dem Feind zugewandten Seite sind über der hohen Durchfahrt neben Schießscharten auch die Reste von zwei **Erkern** zu erkennen. Übereinander gestellte **Maßwerkfenster** lockern die der Stadt zugewandte Seite optisch auf. Bei Gefahr konnte innen wie außen ein Fallgitter herabgelassen werden. Die Führungen der Gitter sind im Mauerwerk noch zu sehen.

54 Villapark mit Königlicher Villa ★ [I4]

Einer der wenigen, nicht zugeschütteten Abschnitte des mittelalterlichen **Stadtgrabens** befindet sich nur wenige Schritte vom Ostentor 53 entfernt, der **Villapark.** Hier ließ sich anstelle der ehemaligen Ostenbastei der bayerische König Maximilian II. von dem Architekten Ludwig Foltz von 1854 bis 1856 die **Königliche Villa** erbauen.

Die hochaufragende neugotische Sommerresidenz liegt vorzüglich, denn von ihr genoss man einen Blick weit über die Donau in die damals noch weitgehend unbebaute Landschaft und konnte in östlicher Richtung sogar bis zur vom Vater errichteten Walhalla 55 sehen. Damit der Monarch das Panorama auch wirklich genießen konnte, sind die Fassaden und die durchlaufenden Erkertürme mit großen Fenstern ausgestattet. Doch tatsächlich wohnte die königliche Familie nur selten in diesem Prunkbau.

Die Villa ist heute Sitz des Bayerischen Landesamts für Denkmalpflege und daher öffentlich nur beschränkt zugänglich. Der das Gebäude umgebende Park bildet den Abschluss des Regensburger Grüngürtels im Osten.

Ausflüge in die Umgebung

Das romantische Donautal lädt zu abwechslungsreichen Tagesausflügen ein. Die Klassiker sind die Schiffsfahrten zur Walhalla 55 flussabwärts sowie die Fahrt flussaufwärtes von Kelheim 56 mit der Befreiungshalle 57 durch den berühmten Donaudurchbruch 58 zum Kloster Weltenburg 59.

55 Walhalla ★★

Hoch über der Donau erhebt sich wenige Kilometer flussabwärts von Regensburg die Walhalla, die nach dem Willen ihres königlichen Bauherrn Ludwig I. eine Ruhmes- und Ehrenhalle hervorrager der Persönlichkeiten „teutscher Zunge" sein soll. Mit dieser Kopie des berühmten Parthenons in Athen verbinden sich deutsches Nationalbewusstsein und Antikenbegeisterung.

Die Idee zu diesem ungewöhnlichen Projekt hatte der bayerische König Ludwig I. (1825–1848) schon 1807 als Kronprinz. Im Jahr zuvor wurde mitten in den Wirren der napoleonischen Zeit das Heilige Römische Reich aufgelöst, die deutschen Staaten kämpften teils gegen den französischen Kaiser, zum Teil aber auch auf dessen Seite, wie anfangs Bayern selbst, auf den Schlachtfeldern Europas. Deutschland war politisch zersplittert, wirtschaftlich sowie moralisch geschwächt und auf der Suche nach einer eigenen zukunftsweisenden Identität. Diese sah der bayerische Monarch vornehmlich in der gemeinsamen, alle deutschen Stämme verbindenden Sprache und versuch-

Walhalla – eine nahezu perfekte Nachahmung des Parthenon in Athen

051rb Abb.: jb

052rb Abb.: jb

te sie mit einer repräsentativen Halle deutscher Heroen zu stärken. Das Nationalheiligtum sollte der „Erstarkung und Vermehrung teutschen Sinnes dienen“, auf dass „teutscher der Teutsche aus ihr trete, besser als er gekommen.“

Bei Ludwigs Regierungsantritt waren über 60 Büsten vollendet, aber noch kein geeigneter Bauplatz gefunden und auch der Name sowie die architektonische Form des Gebäudes selbst waren noch nicht bestimmt. Auf Vorschlag Leo von Klenzes, der zahlreiche Gebäude vornehmlich in München für den Herrscher konzipierte, wurde der 405 m hohe **Bräuberg bei Donaustauf** in der Nähe von Regensburg gewählt, die als Stadt eine so zentrale Rolle in der Geschichte Bayerns und Deutschlands gespielt hatte. Klenze, einer der maßgeblichen klassizistischen Architekten Europas, wählte als Baumaterial den hellen Kelheimer Kalkstein. Ganz im Sinne von Ludwigs Philhellenismus („Freundschaft zum Griechentum“) bestimmte er als Vorbild den ehrwürdigsten aller griechischen Tempel, den **Parthenon auf der Akropolis zu Athen** aus der Blütezeit des antiken Griechenlands (5. Jh. v. Chr.). 8 x 17 Säulen im dorischen Stil bestimmen den majestätischen Gesamteindruck, der durch die landschaftlich herausgehobene Lage hoch über der weiten Donauebene und durch die kolossale Freitreppe mit 358 Stufen noch gesteigert wird.

Benannt ist die Ehrenhalle nach *Walhall,* der Halle und letzten Wohnstatt der tapfersten gefallenen Krieger in der germanischen Mythologie. Nach zwölfjähriger Bauzeit wurde der Prunkbau – mit vier Mio. Gulden das kostspieligste Bauprojekt des bayerischen Königs – 1842 feierlich eingeweiht, und zwar an einem Jahrestag der Völkerschlacht bei Leipzig von 1813.

Große Dachfenster in der zur Zeit der Erbauung hochmodernen Eisenkonstruktion lassen viel Licht in den weiten **Innenraum**, das auf die Farben der verschiedenen Marmorsorten der Verkleidung und Ausstattung trifft, wodurch im Saal eine ganz besondere Aura entsteht.

Insgesamt 130, auf verschiedenen Ebenen nebeneinander gereihte **Büsten** und 64 **Gedenktafeln** im oberen Bereich der Wände verherrlichen historische Größe beiderlei Geschlechts. Vertreten sind neben zahlreichen Königen und Kaisern beispielsweise Schriftsteller wie Lessing, Schiller

Die Ringhalle der Walhalla bietet griechisch inspirierte Tempelarchitektur

und Goethe, Komponisten wie Mozart, Beethoven und Schubert, Erfinder wie Gutenberg und Henlein sowie Maler wie Dürer und Holbein der Jüngere. Schon im 19. Jh. gab es Kritiker einer solchen Ruhmeshalle wie den Dichter Heinrich Heine, der die Walhalla als „marmorne Schädelstätte“ verspottete, dort aber mittlerweile selbst mit einer Büste vertreten ist.

- Walhalla-Str. 48, 93093 Donaustauf, Tel. 09403 961680, www.walhalla-regensburg.de, geöffnet: tgl. April–Okt. 9–18, Nov.–März 10–12 und 13–16 Uhr, geschlossen u. a. Faschingsdienstag, Eintritt: 4,50 €, ermäßigt 4 €.
- **Anreise mit dem Pkw:** Mit dem **Pkw** von Regensburg (ca. 16 km) über die A3 bis zur Abfahrt Neutraubling/Barbing (bereits in Sichtweite der Walhalla), die weitere Straßenführung ist von da gut ausgeschildert.
- **Anreise mit dem Schiff:** Mit dem **Fahrgastschiff** auf der Donau von Regensburg, Abfahrt Steinerne Brücke 44 vom 1. April bis Mitte Okt. tgl. 10.30 und 14 Uhr, Auskunft unter Tel. 52104.
- **Anreise mit dem Fahrrad** s. S. 125

56 Kelheim ★★

Kelheim mit seiner hübschen Altstadt bietet sich gut an als Ausgangspunkt für die Besichtigung der Befreiungshalle 57 sowie für Schiffsfahrten durch den Donaudurchbruch 58 zum Benediktinerkloster Weltenburg 59.

Kelheim, heute eine 15.000 Einwohner zählende Stadt an der Einmündung der malerischen Altmühl in die Donau, war im hohen Mittelalter für kurze Zeit einer der wichtigsten Orte Bayerns. Im 11. Jh. kam es in den Besitz der Wittelsbacher, von denen Otto I. im Jahr 1080 die Herzogswürde von Kaiser Friedrich I. Barbarossa verliehen bekam. Das bekannteste Ereignis der Stadtgeschichte ist 1231 die Ermordung seines Sohnes Ludwigs I. auf der Donaubrücke, der deshalb den Beinamen „der Kelheimer“ bekam. Nach die-

Majestätisch thront die Befreiungshalle auf dem Michelsberg über der Stadt Kelheim

053rb Abb.: jb

sem Attentat verloren seine Nachfolger das Interesse an der Stadt und bevorzugten das niederbayerische Landshut als Regierungssitz.

Auf dem zentralen **Ludwigsplatz** erhebt sich unweit des barocken **Rathauses** das **Standbild von König Ludwig I.**, dem Bayern die Befreiungshalle 57 und so viele weitere klassizistische Bauten zu verdanken hat. Die **Stadtpfarrkirche Mariä Himmelfahrt** wurde im 15. Jh. im spätgotischen Stil errichtet und im 19. Jh. umgestaltet. Reste der alten Stadtbefestigung sind der aus Steinen der abgebrochenen wittelsbachischen Residenz erbaute runde **Schleiferturm** und das hoch aufragende **Donautor**, bei dem ab dem 15. Jh. Pflasterzoll für Fuhrwerke erhoben wurde. Eine Brücke in die keltische und römische Zeit Kelheims mit ihrer Alltagsgeschichte schlägt das **Archäologische Museum** (s. S. 86) im Herzogkasten.

054rb Abb.: jb

Die Befreiungshalle mit ihren 18 Kolossalstatuen

57 Befreiungshalle ★★

Hoch auf dem **Michelsberg** bei Kelheim 56 erhebt sich die viele Kilometer weit zu sehende Befreiungshalle, die zu den großen Nationaldenkmälern Deutschlands im 19. Jh. zählt. Ebenso gewaltig wie die Fernwirkung des Bauwerks ist der überwältigende **Innenraum** mit den marmornen Siegesgöttinnen unter einer mächtigen Kuppel.

Die Errichtung der Befreiungshalle ist – genau wie bei der Walhalla 55 – nur aus der romantisch verklärten, vaterländischen Begeisterung des bayerischen Königs Ludwig I. (1825–1848) zu verstehen. Die Idee soll ihm 1836 während einer Griechenlandreise gekommen sein, wobei er die vergangene Größe Hellas' mit derjenigen Deutschlands verglich. Noch im gleichen Jahr beauftragte er Friedrich von Gärtner mit der Planung eines Monumentalbaus, der an die Befreiungskriege gegen das napoleonische Frankreich erinnern als auch zur Einigkeit der deutschen Staaten mahnen sollte. Der Architekt konzipierte in Anlehnung an antik-römische und mittelalterlich-christliche Zentralbauten eine große, 18-eckige **Rotunde** auf einem dreistufigen Sockel. Der Zahl 18 kommt bei dem Bauwerk eine besondere Bedeutung zu, da sowohl die Völkerschlacht bei Leipzig (1813) auch auch der Sieg über Napoleon bei Waterloo (1815) jeweils auf den 18. eines Monats fiel. Nach Gärtners unerwartetem Tod 1847 und einer längeren Bauunterbrechung übernahm dessen Rivale als Hofarchitekt, Leo von Klenze, die Weiterführung der Aufbaus. Vor allem, um nach der Abdankung des Königs Kosten zu sparen, änderte von Klenze den ursprünglichen Plan schrittweise ab. So wurde etwa der äußere Säulenumgang nicht ausgeführt, stattdessen stellte man auf die hohen, die mächtige Kuppel stützenden Außenpfeiler 18 **Kolossalstatuen** für die deutschen Volksstämme und Regionen auf.

Überwältigend ist das Betreten des **Innenraums:** Über der Mauerschale mit einem Durchmesser von 29 m erhebt sich – ähnlich wie beim weltberühmten Pantheon in Rom – eine stattliche, 45 m hohe **Kuppel** mit nur einer zentralen Öffnung. In 17 Nischen halten jeweils zwei überlebensgroße **Viktorien** aus feinstem Carrara-Marmor einen ovalen, feuervergoldeten Bronzeschild, von denen jeder einzelne einen Sieg über die Franzosen in den Jahren 1813–1815 verherrlicht.

Trotz der 165 Stufen sollte man nicht die Mühe scheuen, die eiserne **Wendeltreppe** zum äußeren Umgang zu besteigen. Von dort genießt man ein **grandioses Panorama** von der Kelheimer Altstadt 56 über den Flusslauf der Donau und das Altmühltal bis hin zur wunderschönen Weltenburger Enge 58.

› Befreiungshallestr. 3, Kelheim, Tel. 09441 682070, www.kelheim.de (Menü: Urlaub/Sehenswertes/Befreiungshalle), geöffnet: April–Okt. tgl. 9–18, Nov.–März tgl. 10–16 Uhr, Einlass bis 45 Min. vor Schließung, Eintritt: 4,50 €, ermäßigt 4 €

58 Donaudurchbruch Weltenburger Enge ★★

Dem berühmten Kloster Weltenburg 59 nähert man sich am schönsten mittels einer **Schiffsfahrt** auf der Donau durch die **Weltenburger Enge**, auch als **Donaudurchbruch** bekannt. Aus geologischer Sicht handelt es sich bei dem 6 km langen Flussabschnitt zwischen Kelheim 56 und Abtei nicht um einen Durchbruch,

Die wildromantische Weltenburger Enge

055rb Abb.: jb

da die Urdonau bis vor ungefähr 150.000 Jahren weiter nördlich, im Tal der heutigen Altmühl, floss und erst seit damals das Bett eines früheren Nebenflusses nutzt. Mit ihren an den Flussufern steil in die Höhe ragenden Felsen bietet die Weltenburger Enge ein beeindruckendes **Naturschauspiel.**

Die Weltenburger Enge wurde bereits 1840 als Naturdenkmal ausgewiesen und zählt damit zu den ältesten Naturschutzgebieten Deutschlands. 1978 erhielt sie das **Europadiplom für besonders schutzwürdige Landschaften,** womit strenge Auflagen – etwa das Verbot von Sportbooten oder Lärmschutzbestimmungen – verbunden sind. Während einer gemächlichen Schiffsfahrt erfährt man über Lautsprecher allerlei Interessantes zur Geschichte, Kultur, Natur und Geologie dieses Abschnitts der Donau mit ihrer malerischen Landschaft.

- **Vereinigte Schifffahrtsunternehmen,** Rennweg 32, Kelheim, Tel. 09441 5858, www.schifffahrt-kelheim.de. Preis: Kelheim – Weltenburg und zurück: 11,50 €, ermäßigt 9 €, Familien 33 €
- **Anlegestellen:** Kelheim: beim Postamt am Wöhrdplatz, Kloster Weltenburg: 400 m vom Kloster entfernt
- **Fahrzeiten:** Kelheim – Kloster Weltenburg: 40 Min., Kloster Weltenburg – Kelheim: 20 Min.

59 Kloster Weltenburg ★★★

Weltenburg ist ein einziges Idyll, die perfekte Symbiose von Natur- und Kunstgenuss. Mit der Architektur und der Dekoration der Kirche des wohl ältesten bayerischen Klosters, fotogen mit breitem „Hausstrand“ in einer Donauschleife gelegen, schufen die Brüder Asam ein feines, barockes Gesamtkunstwerk.

Der hauseigenen Überlieferung zufolge gründeten schon um 620 die iro-schottischen Wandermissionare Eustasius und Agilus die Abtei – demnach wäre Weltenburg das älteste Kloster auf bayerischem Boden. Nachdem die Mönche im Laufe des 8. Jh. die Regel des hl. Benedikt über-

056rb Abb.: jb

Die Brüder Asam – Superstars im bayerischen Barockhimmel

Spricht man von Barock und Rokoko, fällt in Bayern meist unwillkürlich auch der Begriff Asam. Nicht zu Unrecht, haben die beiden Brüder die Kunst des 18. Jh. wie nur wenige andere Persönlichkeiten geprägt. Die Söhne des Klostermalers Georg setzten dessen künstlerisches Erbe fort, ***Cosmas Damian*** *(1686–1739) als Maler und Architekt und* ***Egid Quirin*** *(1692–1750) als Bildhauer und Stuckateur. Cosmas Damian reiste zum Studium sogar nach Rom und erhielt dort 1713 den ersten Preis der Accademia di San Luca, die begehrteste Künstlerauszeichnung der damaligen Zeit. Nach ihrem ersten bedeutenden Gemeinschaftswerk, der* ***Klosterkirche in Weltenburg*** *59, konnten sich die Brüder vor weiteren Großaufträgen in Tirol, der Schweiz, Böhmen und vor allem in Ostbayern kaum retten. Die Zusammenarbeit sollte fortan für viele Werke gelten, wenngleich Cosmas Damian und Egid Quirin immer auf getrennte Rechnungen arbeiteten. Der Erfolg beruhte vor allem auf dem* ***gelungenen Zusammenspiel*** *von Altar- und Deckenmalerei, der bewegten architektonischen Formen und des grazilen Stuckdekors, wobei die Gesamtwirkung immer wichtiger als das Detail blieb.*

Ab etwa 1727 waren beide in München ansässig, wo sie neben ihrem Wohnhaus ihre ***eigene Privatkirche*** *errichteten und ausschmückten – als selbstbewusste Künstler ohne Auftrag, nur zur höheren Ehre Gottes und zum Seelenheil der Ausführenden, was in der gesamten Barockkunst ein Unikum bleiben sollte.*

nahmen, wurde das Kloster während der Ungarneinfälle verwüstet und anschließend dem Regensburger Bischof übereignet. Kurz vor 1000 ließ es der hl. Wolfgang (s. S. 60) mit Benediktinern aus St. Emmeram 17 wieder besiedeln.

Dem tüchtigen und talentierten Abt Maurus Bächl (1713–1743) ist es zu verdanken, dass Weltenburg heute zu den klösterlichen Juwelen Süddeutschlands zählt. Nach Jahrhunderten des Niedergangs sanierte er die Finanzen und ließ die gesamte hochwassergefährdete Klausur neu erbauen. Für die Kirche konnte er die Brüder Asam (siehe oben) gewinnen, denen er den ersten gemeinsamen Großauftrag verschaffte. Das Besondere war, dass die Künstler nicht nur die Dekoration und Ausstattung, sondern auch die Architektur nach eigenen Vorstellungen verwirklichen konnten. Ab 1721 entwarf Cosmas Damian die Pläne und schuf die Fresken, Egid Quirin den Hochaltar, die Figuren und Stuckaturen. Nahezu zwei Jahrzehnte vergingen, bis der prunkvolle Innenraum vollendet war.

Nicht zufällig erinnert die mit Pilastern und verschiedenen Fensterformen gegliederte **Fassade** an Kirchenbauten in Rom, studierte Damian doch die Barockarchitektur während eines Studienaufenthalts in der Tibermetropole. Nach Durchschreiten des Portals wähnt sich der Besucher

Das Kloster Weltenburg steht in einer bewaldeten Schleife der Donau

KLEINE PAUSE

Biergarten mit Klosterflair und Barockkulisse

Zünftig geht es zu jeder Zeit in der **Klosterschenke Weltenburg** zu, einem der schönsten und beliebtesten Biergärten ganz Bayerns. Schon seit dem Jahr 1050 brauen die Mönche hier ihr Bier, womit die Klosterbrauerei gewiss die älteste der Welt ist. Wiederholt erhielten die Weltenburger Biere in der Vergangenheit nationale und internationale Preise und Auszeichnungen, allen voran die Sorte „Barock Dunkel" – die muss man also unbedingt einmal probieren!

› **Weltenburger Klosterbetriebe,** Asamstr. 32, im Klosterinnenhof, Tel. 09441 67570, www.klosterschenke-weltenburg.de, Mitte März–Okt. tgl. 9.30–19, Nov.–Mitte Dez. tgl. 11–17, Feb.–Mitte März Mi–So 11–17 Uhr

065rb Abb.: jb

in einer gänzlich anderen, feierlichen Welt: Über dem ovalen Sakralraum erhebt sich eine ovale **Kuppel**, deren leuchtendes **Fresko** einen Heiligenhimmel und eine Allegorie der „Triumphierenden Kirche" zeigt. Den Übergang von Hauptraum zur Kuppel bildet ein großer Kronreif, an dem sich Cosmas Damian selbst als **Stuckfigur** mit Perücke verewigt hat. Die Fenster sind nicht sichtbar – die besondere Atmosphäre wird durch das fantastisch erscheinende, **indirekte Licht** in einem dunklen Raum hervorgerufen. Der gleiche Kunstgriff einer nicht sichtbaren Lichtquelle kommt abermals am **prunkvollen Hochaltar** zum Einsatz: Vor gleißendem Hintergrund rettet der hl. Georg als gold-silberner Kirchenpatron eine Prinzessin vor einem Drachen.

Nach der Säkularisation (1803) wurde 1830 auf Veranlassung von König Ludwig I. nach kurzer Pause ein Priorat, die Niederlassung eines Klosters, eingerichtet, sodass heute wieder Benediktiner in der Abtei leben. Seit 1913 ist Weltenburg ein selbstständiges Kloster.

› Asamstr. 32, Kelheim, Tel. 09441 204132, http://kloster-weltenburg.de, Brauerei: www.weltenburger.de

REGENSBURG ERLEBEN

062rb Abb.: jb

077rb Abb.: jb

Regensburg für Kunst- und Museumsfreunde

Unter den vielen, meist innerhalb der Altstadt liegenden Museen ragen das Historische Museum, die Fürstlichen Museen Thurn und Taxis, das Domschatzmuseum sowie das Reichstagsmuseum im Alten Rathaus heraus.

Schwerpunkt der **vielfältigen Museumslandschaft** ist das Mittelalter und die frühe Neuzeit, doch mit dem Kunstforum Ostdeutsche Galerie und der Städtischen Galerie im Leeren Beutel kommt auch das Kunstschaffen des 19. und 20. Jh. zur Geltung. Zeugnisse der Industriekultur sind das Donau-Schiffahrts-Museum und das **document Schnupftabakfabrik.** An Flora, Fauna und Geologie Interessierte kommen im Naturkundemuseum Ostbayern auf ihre Kosten.

Das Selbstbildnis von Cosmas Damian Asam in der Klosterkirche Weltenburg 59 zeugt vom Selbstbewusstsein der Künstler der Barockzeit

Vorseite: Ausflugsboot mit großem Namen

Beim Bummeln durch das historische Zentrum stößt man fast zwangsläufig auf **Galerien** für zeitgenössische Kunst, von denen manche etwas versteckt in den verwinkelten Gassen abseits der üblichen Touristenpfade liegen.

Museen

4 Archäologisches Museum, Lederergasse 11, Kelheim, Tel. 09441 10409, www.archaeologisches-museum-kelheim.de, geöffnet: Di–So 10–17 Uhr, Eintritt: 4 €, ermäßigt 2 €. Das 25 km westlich von Regensburg in Kelheim 56 gelegene Museum präsentiert Funde von der Steinzeit über die Epochen der Kelten und Römer bis in das Mittelalter.

5 [F3] **Brückturm-Museum,** Weiße-Lamm-Gasse 1, Zugang über den Salzstadel, www.regensburg.de, geöffnet: April–Okt. Di–So 10–19 Uhr. Der letzte erhaltene Turm der Steinernen Brücke kann bestiegen werden und bietet vom obersten Stockwerk fantastische Aussichten in alle Himmelsrichtungen (s. S. 66).

› document Neupfarrplatz (s. S. 40). 1519 wurde das jüdische Viertel im Zuge eines Pogroms zerstört, Reste von Häusermauern kann man unterirdisch im Rahmen einer Führung besichtigen.

8 [G4] **document Niedermünster.** Einer Zeitreise von knapp 2000 Jahren gleicht die Besichtigung der archäologischen Ausgrabungen unter der Niedermünsterkirche mit Relikten aus römischen und mittelalterlichen Epochen (s. S. 26).

25 [E4] **document Schnupftabakfabrik.** Das Unternehmen Gebrüder Bernard produzierte in der Schnupftabakfabrik fast 200 Jahre lang edle Tabaksorten. In der authentisch erhaltenen sogenannten Alchimisten-Küche wird ein originelles Stück Regensburger Industriekultur sicht- und riechbar (s. S. 43).

2 [F4] **Domschatzmuseum.** Das Museum in den Räumen der einstigen bischöflichen Residenz glänzt mit kostbarsten Pretiosen, darunter seidenbestickte Gewänder und liturgische Gerätschaften aus Gold und Emaille (s. S. 20).

42 [G3] **Donau-Schiffahrts-Museum.** Das in zwei historischen Donauschiffen eingerichtete Museum ermöglicht mit Modellen, Schautafeln und Originalobjekten einen Einblick in die Geschichte der Donauschifffahrt (s. S. 63).

18 [E6] **Fürstliche Schatzkammer – Museen Thurn und Taxis.** Die Zweigstelle des Bayerischen Nationalmuseums zeigt hochkarätige Artefakte der Kunstsammlugen des Fürstenhauses Thurn und Taxis, die 1993 der Freistaat Bayern erworben hatte (s. S. 36).

18 [E6] **Fürstliches Schloss und Kreuzgang St. Emmeram.** Nur im Rahmen einer Führung können im Fürstlichen Schloss Thurn und Taxis ausgewählte Wohn- und Repräsentationsräume des 18./19. Jh. besichtigt werden. Zum Rundgang gehört der Besuch des gotischen Kreuzgangs des ehemaligen Klosters St. Emmeram (s. S. 36).

› **Golf-Museum im Antikhaus Insam** (s. S. 104), www.golf-museum.com, Führungen 11, 14 und 16 Uhr, Eintritt: 7,50 €, ermäßigt 5 €. In fünf Jahrzehnten hat der Antiquitätenhändler und Golfhistoriker Peter Insam über 1200 Artefakte aus aller Welt zusammengetragen. Die Sammlung mit Kunstwerken, historischen Ansichten und Bildern sowie diversen Accessoires versteht sich als „Mekka der Golfenthusiasten", zu dem auch ein Schläger von 1450 und ein Golfball von 1525 gehören.

15 [G5] **Historisches Museum mit Minoritenkirche.** Das wichtigste Kulturmuseum Regensburgs im ehemaligen Minoritenkloster spannt mit Kunst- und Alltagsobjekten aller Art einen großen Bogen von der Steinzeit bis ins 19. Jh. Schwerpunkt der Ausstellung sind die Römerzeit und das Mittelalter (s. S. 32).

37 [E3] **Kepler-Gedächtnishaus.** Die Innenräume des Patrizierhauses, in dem der berühmte Astronom 1630 starb können in original rekonstruierter Form aus der Zeit des 17. Jh. besichtigt werden (s. S. 58).

50 [A4] **Kunstforum Ostdeutsche Galerie.** Die permanente Schausammlung des KOG umfasst hauptsächlich Werke aus den ehemaligen deutschen Siedlungsgebieten in Ost- und Südosteuropa von der Romantik bis zur Gegenwart, vertreten sind etliche Klassiker der Moderne (s. S. 74).

18 [E6] **Marstallmuseum – Museen Thurn und Taxis.** Das zum Fürstlichen Schloss Thurn und Taxis gehörende Marstallmuseum präsentiert Kutschen, Sänften und Schlitten des 18. und 19. Jh. (s. S. 36).

43 [G4] **Museum der Bayerischen Geschichte.** Das 2019 eröffnete Museum gibt einen Überblick über die Entwicklung Bayerns vom Agrarland zum modernen Industrie- und Freistaat im 19. und 20. Jh. (s. S. 64).

KURZ & KNAPP

document

Als „document" werden in Regensburg diejenigen Museen bezeichnet, deren Artefakte – so etwa bei archäologischen Ausgrabungen zu Tage getretene Mauern oder Kunst- und Gebrauchsgegenstände – sich ganz oder teilweise noch am **originalen Stand- und Fundort** befinden.

26 [D4] **Museum der Dreieinigkeitskirche.** Auf der Empore der Kirche informieren Dokumente, Urkunden und sakrale Gebrauchsgegenstände über die Geschichte der evangelischen Freien Reichsstadt (s. S. 45).

M6 [E5] **Museum Obermünster,** Emmeramsplatz 1, Tel. 5972530, www.bistumsmuseen-regensburg.de. Nur bei Sonderausstellungen geöffnet. Das mittelalterliche Damenstift Obermünster wurde im Zweiten Weltkrieg als eines der wenigen Monumente in der Altstadt zerstört. Im erhaltenen ehemaligen Wirtschaftstrakt befinden sich heute die Werkstätten und Depots der Kunstsammlungen des Bistums Regensburg. Die Räume werden für Sonderausstellungen und als Kinderatelier für museumspädagogische Aktionen genutzt.

4 [F4] **Museum St. Ulrich.** Eine der architektonisch interessantesten gotischen Kirchen Deutschlands bildet die Kulisse für die kostbaren christlichen Kunstwerke vom 11. bis zum 21. Jh. (s. S. 21).

49 [B2] **Naturkundemuseum Ostbayern.** Die Sammlung im klassizistischen Palais am Rand des Herzogsparks beleuchtet museumsdidaktisch nicht nur für Kinder attraktiv die erdgeschichtliche Entstehung und die ökologische Situation der Region. An Sonntagen und in Schulferien Führungen für Kinder (s. S. 124).

36 [E3] **Reichstagsmuseum.** 143 Jahre tagte im Reichssaal des Alten Rathauses der Immerwährende Reichstag (s. S. 59). Hier schlug das Herz Regensburgs und bis zu seinem Ende auch das des Heiligen Römischen Reiches Deutscher Nation (s. S. 53).

M7 [H4] **Städtische Galerie im Leeren Beutel,** Bertoldstr. 9, Tel. 5072440, www.regensburg.de (Menü: Kultur/Museen/Städtische Galerie im Leeren Beutel), geöffnet: Di–So 10–16 Uhr, Eintritt: 5 €, ermäßigt 2,50 €. Der riesige reichsstädtische Getreidespeicher der Zeit um 1600 mit dem eigenartigen Namen (hergeleitet von *laerenpaetel* = Getreidesack) dient als Galerie und Kulturzentrum. Sammlungsschwerpunkt ist die Malerei, Grafik und Plastik Ostbayerns des 20. Jh. und der Gegenwart, die mit Sonderausstellungen regelmäßig ergänzt werden. Neben einer Gaststätte beherbergt der Leere Beutel auch eine Filmgalerie, die vom AK Film Regensburg organisiert wird. Anspruchsvolles Kino versprechen u. a. die Stummfilmwoche, die Kurzfilmwoche sowie das Spanische Film- und Kulturfest.

Kunstgalerien

G8 [E4] **Art Affair,** Neue-Waag-Gasse 2, Tel. 5999591, www.art-affair.net, geöffnet: Di–Fr 11–13 und 14–19, Sa 11–18 Uhr und nach Vereinbarung. Effektvoll kontrastieren die gezeigten Objekte – Fotografien, Installationen, Zeichnungen und Skulpturen – in dem gotischen Gewölbe einer alten Hauskapelle. Die Galerie zeigt mit Einzel-und Kollektivausstellungen ausschließlich etablierte Künstler, vor allem aus Deutschland.

G9 [E4] **Galerie Andrea Madesta,** Wahlenstraße 3, Tel. 89939801, www.galerie-madesta.de, geöffnet: Di–Fr 11–18, Sa 11–16 Uhr und nach Vereinbarung. Neben regelmäßigen Ausstellungen international berühmter und weniger bekannter Künstler versteht sich die

Galerie auch als Forum für Diskussionen, Vorträge und Künstlergespräche.

10 [E4] **Galerie Hammer,** Untere Bachgasse 6, www.hammergalerie.de, Tel. 5676882, geöffnet: Di–Sa 12–18 Uhr. Das traditionsreiche Haus präsentiert Malerei und Grafik europäischer Künstler, darunter immer wieder interessante Neuentdeckungen

11 [E4] **Kunstkabinett,** Untere Bachgasse 7, www.kunstkabinett.com, Tel. 57856, geöffnet: Di–Fr 11–18, Sa 10–14 Uhr und nach Vereinbarung. Wechselnde Ausstellungen präsentieren auf zwei Ebenen Grafiken, Acryl-Malereien, Collagen, Plastiken, Zeichnungen und Fotokunst internationaler Künstler.

12 [D3] **Kunstkontor Westnerwacht,** Weintingergasse 4, Tel. 560772, www.westnerwacht.de, geöffnet: wechselnde Öffnungszeiten, meist Di–Fr 16–18, Sa 12–15 Uhr. Einzel- und Kollektivausstellungen zur Klassischen Moderne und Konkreter Kunst überwiegend deutscher Künstler in einem aufwendig sanierten alten Stadel (Speichergebäude).

› Ein 52 Seiten umfassender, **kostenloser Galerieführer** (inklusive Ausstellungsräumen) ist bei der Tourist Information (s. S. 121) erhältlich.

Kunst unter freiem Himmel

Die nie zerstörte mittelalterliche Großstadt Regensburg gilt als Stadt der Kleinkunstdenkmäler schlechthin. Mit der aus vielen Jahrhunderten stammenden architektonischen Substanz sind auch zahlreiche Reliefs, Konsolenfiguren, plastische Wappen und Statuen an den Fronten, Giebeln, Portalen, Fenstern und Erkern der über 960 denkmalgeschützten Gebäude erhalten geblieben. Manche Kunstwerke fallen sofort auf, andere liegen etwas verborgen.

Beachtung verdienen auch die zahlreichen seit dem Barock entstandenen **Brunnen**, darunter auch Kunstwerke aus jüngster Zeit, z. B. im Bischofshof 6 und auf dem Kohlenmarkt [E3/4].

Bemerkenswert in der Altstadt sind auch 76 farbige Tafeln der Künstlerin Maria Maier, die die Grundrisse von Regensburger Gebäuden und Plätzen zueinander in Beziehung setzen.

Zahlreiche Kunstwerke finden sich im **Grüngürtel** am Rand des historischen Zentrums, angelegt im Stil englischer Landschaftsgärten und im 19. und 20. Jh. mit Denkmälern aufgewertet. Gehäuft finden sich diese Kunstwerke vor allem im Fürst-Anselm-Park 52.

Schwarze-Bären-Straße 1 [F5]: die Anbetung der Heiligen Drei Könige

012rb Abb.: jb

009rb Abb.: jb

Regensburg für Genießer

Ob Gourmettempel oder Biergarten, Szenelokal oder Studentencafé – die gesamte Altstadt zeigt sich auch kulinarisch von ihrer besten und vielseitigsten Seite. Etliche Lokale bieten preiswerte Mittagsmenüs, generell geht es unkompliziert und ohne Tischzuweisung zu.

Essen und Trinken

Regensburger Spezialitäten

Unter den kulinarischen Gaumenfreuden der Donaustadt sind an erster Stelle die **Regensburger** zu nennen, die die Einheimischen selbst **Knacker** nennen. Für die bis zu 10 cm langen Brühwürste verwendet man Brät vom Schwein. Als „Original Regensburger“ dürfen sie nur bezeichnet werden, wenn sie in der Stadt selbst hergestellt sind. Die Würste werden warm oder kalt gegessen, dann häufig zum *Rengschbuaga,* also zum **Regensburger Wurstsalat,** verarbeitet. Ein beliebter Imbiss zwischendurch ist die **Knackersemmel,** eine angebräunte Wurst „mit allem“, d. h. süßem Senf, Meerrettich und zwei, drei Essiggurkenscheiben. Gegessen wird die Wurst dann bevorzugt mit einem **Kipferl** genannten Roggenbrötchen, etwa aus der stadtweit bekannten Bäckerei Schwarzer (ein sogenannter *Schwarzer Kipferl).*

Davon zu unterscheiden ist die **Regensburger Bratwurst** vom Holzkohlengrill, die ausschließlich aus Hinterschinken vom Schwein gemacht wird. Senf und Sauerkraut sind unverzichtbare Beilagen dieses Schmankerls, das man entweder auf dem Teller serviert oder ebenfalls mit einem Kipferl verspeist. Die bekannteste Bratwurstküche der Stadt ist die Historische Wurstkuchl (s. S. 92).

Eine ganz andere Spezialität ist der **Weichser Radi** aus dem Stadtteil Weichs. Der nicht zu *rasse,* d. h. scharfe Rettich gedeiht besonders gut auf den sandigen Böden nördlich der Donau und wird heute auf dem Wochenmarkt feilgeboten.

Der Spitalgarten (s. S. 94) in Stadtamhof

Wein und Bier

Einst spielte der bereits von den Römern kultivierte Weinbau eine wichtige Rolle in der Donaustadt und ihrer Umgebung, wie zahlreiche Namen – Weinlände, Weinmarkt, Weingasse – belegen. Die glorreichen Zeiten des erstmals im 8. Jahrhundert erwähnten **Baierweins** sind schon längst vorbei, etliche Rebstöcke gibt es aber noch im angeblich kleinsten Weinanbaugebiet Deutschlands im Stadtteil Winzer (s. Winzerer Höhen S. 72).

Eine viel größere Bedeutung als der Reb- genießt heutzutage der Gerstensaft. **Bier** wird heute im Fürstlichen Brauhaus und in drei weiteren, viel älteren Brauereien produziert: So kann der Bischofshof (s. S. 129) auf eine über 360-jährige Tradition verweisen, der Kneitinger wird schon im 16. Jh. erwähnt und die Spitalbrauerei ist schon mehr als 800 Jahre alt. Das „flüssige Brot", das in Bayern zum unverzichtbaren Grundnahrungsmittel gehört, lässt sich in all seinen Varianten besonders stimmungsvoll in den zahlreichen gemütlichen Wirtshäusern und Biergärten genießen.

Biergartenkultur

Undenkbar: Bayern ohne seine urigen Biergärten! Nirgends sonst kann man mit Einheimischen so zwanglos und schnell in Kontakt treten wie dort, nirgends wird über alle sozialen Schichten hinweg über große Politik und Kleinigkeiten des Alltags so unkompliziert geredet und diskutiert. Außerdem schmeckt die Maß Bier hier eindeutig am besten, im Freien unter Schatten spendenden Bäumen an lauen Sommerabenden oder angenehm warmen Herbsttagen. Zu einem **„echten" bayerischen Biergarten** gehören Holztische und -bänke, alte, ehemals zur Kühlung der Bierkeller gepflanzte Kastanienbäume sowie oftmals immer noch die Selbstbedienung. Dieser mittlerweile **über 200-jährigen Tradition** trägt die Bayerische Biergartenverordnung Rechnung, indem sie diese spezielle Form der Gaststätte als „ein Stück angestammtes bayerisches Kulturgut" ausweist und die Biergärten erst um 23 Uhr schließen müssen. **Typische Gerichte** sind etwa Wurstsalat, Hendl (Brathähnchen), Knacker und

LITERATURTIPP

Kochbücher: Oberpfälzer Schmankerl

- Roswitha Scheidler, **Spouzn, Schoppala & Schwammerbröih. Althergebrachte und neue Oberpfälzer Küchengeheimnisse,** Amberg 2016, Buch & Kunstverlag Oberpfalz. Die Rezepte – Suppen, Gemüse-, Fleisch- und Fischgerichte sowie Mehlspeisen – sind ebenso lecker wie alltagstauglich und von einer Meisterin der ländlichen Hauswirtschaft zusammengestellt.
- Regionalmanagement Landkreis Neustadt a.d. Waldnaab (Hrsg.), **Erdäpfl, a so a Freid. Neue und alte Kartoffelrezepte aus der Oberpfalz,** Amberg 2013, Buch & Kunstverlag Oberpfalz. Kartoffeln in allen Varianten – aus der einstigen Arme-Leute-Kost ist längst eine Knolle geworden, die selbst anspruchsvollste Gaumen verwöhnt.
- Oberpfälzer Kulturbund (Hrsg.), **50 historische Wirtshäuser in der Oberpfalz,** Regensburg 2019, Pustet Verlag. Einkehren in urig-gemütlicher Atmosphäre: Dieser schön bebilderte Kulturführer gibt Empfehlungen für 50 traditionelle Wirtshäuser, die allen kurzzeitigen Moden getrotzt und ihre unvergleichliche Eigenart und Gastlichkeit bis heute bewahrt haben.

Tradition seit 100 Jahren – „Händlmaier's süßer Hausmachersenf"

Die Regensburger Erfolgsstory hat einmal ganz klein angefangen: 1910 gründeten der Metzgermeister Karl und seine Frau Johanna Händlmaier eine eigene Metzgerei in der Gesandtenstraße. Vier Jahre später produzierte man zum ersten Mal einen süßen Senf, den die Bayern so gerne zu Weißwürsten, aber auch zu Leberkäse essen. Die Einheimischen und - nicht zu vergessen - auch die Norddeutschen waren ganz scharf auf den „süßen Hausmachersenf", und nach und nach konnten sechs Filialen eröffnet werden. Nach Verkauf der Metzgereien widmet man sich seit 1964 ganz der Produktion von Senf, die immer größere Ausmaße angenommen hat und die Händlmaiers veranlassten, die Enge der Altstadt zu verlassen und im Industriegebiet Haslbach einen neuen Betrieb zu eröffnen. Die ***Zutaten*** *sind einfach - kanadische Senfkörner, klares Wasser, brauner Zucker, Branntweinessig und feine Gewürze - und das* ***Rezept*** *raffiniert, doch dies bleibt ein Firmengeheimnis. Schon längst ist die Produktpalette erweitert worden, neben den Süßen ist der Mittelscharfe, der Meerrettich-Traum, der Bio-Senf, der Superscharfe und einiges mehr dazugekommen, doch der* ***unumstrittene Klassiker*** *mit Marktanteilen von gut zwei Dritteln in ganz Deutschland und rund drei Vierteln in Bayern ist und bleibt der „Händlmaier's süße Hausmachersenf".*

16 *[E4]* ***Händlmaier,*** *Hinter der Grieb 2, Eingang Untere Bachgasse, https://haendlmaier.de, Tel. 58612235, geöffnet: Mo–Sa 10–18.30 Uhr*

Obazda (pikante, mit Zwiebeln und Schnittlauch verfeinerte Käsecreme), dazu meist Brezn (Brezel). Übrigens ist es nach wie vor erlaubt, dass der **Gast seine eigene Brotzeit mitbringt** und nur ein Getränk bestellt.

Hervorhebenswerte Lokale

Bayerische Küche

› **Cafe unter den Linden** €-€€ (s. S. 74). Traditionsreiche Gaststubn mit bodenständiger bayerischer Küche.

13 [E4] **Hacker-Pschorr Wirtshaus** €, Neupfarrplatz 15, Tel. 5840455, www.hacker-pschorr-regensburg.de, geöffnet: tgl. 10-23.30 Uhr (Jan.–Anfang April sonntagabends geschlossen). Bayerische, speziell auch Oberpfälzer Gerichte wie Kartoffelsuppe, Spanferkelhaxe oder Schweinebraten, serviert in gemütlichen und teils stuckverzierten Gasträumen. Bei schönem Wetter lockt der Biergarten, eine Oase der Ruhe abseits des oft hektischen Treibens in den Gassen.

14 [F4] **Haus Heuport** €€, Domplatz 7, Tel. 5999297, www.heuport.de, geöffnet: April–Okt. Mo–Fr 10–24, Sa/So 9–24 Uhr, Nov.–März Mo–Fr 11–24, Sa/So 9–24 Uhr, Frühstück: tgl. bis 14 Uhr, Frühstücksbüfett: So und feiertags 9.30–14 Uhr. Von opulenten Speisen bis zu Kuchen und Süßspeisen, von bayerischen Klassikern bis zu internationaler Küche reicht das Angebot. Aus dem ersten Stock bietet sich eine herrliche Sicht auf die Westfassade der Bischofskirche.

15 [F3] **Historische Wurstkuchl** €€, Thundorferstr. 3, Tel. 466210, www.wurstkuchl.de, geöffnet: tgl. 9–19 Uhr.

Die wohl bekannteste Lokalität der Stadt, in der angeblich schon die Bauarbeiter der Steinernen Brücke im 13. Jh. einkehrten (s. S. 63). Wenige Sitzplätze drinnen, etliche mehr draußen mit direktem Blick auf die Donau und den Salzstadel – sehr touristisch und doch immer noch gemütlich.

17 [E4] **Hofbräuhaus Regensburg** €, Waaggäßchen 1, Tel. 51280, www.hofbraeuhaus-regensburg.de, geöffnet: So–Mi 9–24, Do–Sa 9–0.30 Uhr, nach Ostern bis Ende Sept. So Ruhetag. Gegenüber dem Alten Rathaus gibt es in der zünftigen holzvertäfelten Wirtsstube bodenständige bayerische Gerichte wie Kümmelbraten oder Schweinshaxe, dazu natürlich das traditionsreiche Münchner Hofbräu-Bier.

18 [C4] **Kneitinger** €, Arnulfsplatz 3, Tel. 52455, www.knei.de, geöffnet: tgl. 9.30–24, warme Küche von 11–22.30 Uhr. Der „Kneitinger am Arnulfsplatz" ist Kult in Regensburg, ebenso die hauseigenen Biere (z. B. Bock oder Dunkel Export). Ordentliche Portionen mit Brotzeiten und Schmankerln sowie rührige Kellnerinnen sorgen abends für viel Betrieb in den urigen Wirtsstuben. Unbedingt probieren: das starke Saisonbier im Winter (Bock) und das spezielle leichte Sommerbier.

19 [F5] **Regensburger Weißbräuhaus** €, Schwarze-Bären-Str. 6, Tel. 5997703, www.regensburger-weissbrauhaus.de, geöffnet: tgl. 10–1 Uhr. Blickfang der weitläufigen Gaststube ist der kupferne Braukessel. Vier verschiedene Sorten hausgebrauten Biers werden ausgeschenkt, passend dazu sind die Würstl aus der eigenen Metzgerei.

› **Wirtshaus im Museum** €, im Museum der Bayerischen Geschichte **43**, Tel. 5861461, www.wirtshaus.bayern, geöffnet: Di–Sa 9–22, So 9–18 Uhr, warme Küche bis 21 Uhr. Bayerische Klassiker wie Bierbratl und Schweinshax'n, Brotzeiten und vieles mehr: die ideale kulinarische Ergänzung zur bayerischen Kultur im Museum der Bayerischen Geschichte. Originell sind die *Brettl* mit *Depferl* (Töpfchen) mit jeweils drei verschiedenen Würstel- oder Fleischgerichten zum Probieren. Unterschiedliche Biere von zwölf Brauereien sind im Ausschank, darunter fünf vom Fass. Familienfreundlich, da es mehrere Kindergerichte für 3 € gibt.

Ein Stück angestammtes bayerisches Kulturgut – die über 200-jährige Tradition der Biergärten

010rb Abb.: jb

Preiskategorien

Annäherungswert für ein Hauptgericht mit Getränk.

€	bis 15 €
€€	15 bis 25 €
€€€	über 25 €

Biergärten

20 [E2] **Alte Linde** €, Müllerstr. 1, Tel. 88080, www.altelinde-regensburg.de, geöffnet: März–Dez. tgl. 11–23, Febr. Mo–Fr 15–23, Sa/So 11–23 Uhr, warme Küche bis 22 Uhr. Immer eine *griabige* Stimmung mit toller Aussicht verspricht die 1901 eröffnete Wirtschaft mit zugehörigem großen Biergarten.

› **Cafe unter den Linden** (s. S. 74), warme Küche bis 22.30 Uhr. Eines der ältesten Wirtshäuser Regensburgs mit Biergarten, wunderschön im Stadtpark gelegen.

21 [D2] **D'Oma in da Antn** €, Badstraße 32, Tel. 20909400, http://oma-plüsch.de, geöffnet: bei schönem Wetter Mo–Fr 15–23.30, Sa/So 11.30–23.30 Uhr, bei schlechtem Wetter Mo–Fr 17–23.30, Sa 11.30–23.30 Uhr. Warme Küche bis 22 Uhr. Das Regensburger Kultlokal Oma Plüsch lebt weiter – im Biergarten „Goldene Ente" am Donauufer. Ordentliche Küche und Bischofshofener Bier. Empfehlenswert: das Kellerschnitzel, dazu ein Altvater Weißbierbock, gebraut zur 500-Jahrfeier des Bayerischen Reinheitsgebots.

22 [C4] **Kreuzschänke** €, Kreuzgasse 25, Tel. 54200, www.wirtshaus-kreuzschaenke.de, geöffnet: Di–Sa 17–23 Uhr, So/Mo geschlossen. Die einst zum Dominikanerinnenkloster Heilig Kreuz gehörende Wirtschaft bezaubert durch einen schmucken Biergarten abseits des Touristentrubels. Eine Spezialität des Hauses ist das Kreuzschänke-Riesenschnitzel.

23 [F2] **Spitalgarten** €, St. Katharinenplatz 1, Tel. 84774, www.spitalgarten.de, geöffnet: tgl. 10–23 Uhr. Die traditionsreiche Brauereigaststätte unweit der Steinernen Brücke wird wegen ihres gemütlichen Biergartens und der Aussicht auf die Donau gerne besucht. Seit einigen Jahren findet hier in der Adventszeit auch täglich ein Christkindlmarkt statt.

24 [ce] **Spitalkeller** €, Alte Nürnberger Str. 12, www.spitalkeller.com, Tel. 89059170, geöffnet: Mo–Do 17–23, Fr/Sa 15–24 und So sowie feiertags 10–23 Uhr. Ein Regensburger Original seit 1868 ist der Spitalkeller mit seinem großzügigen Biergarten im Stadtteil Steinweg, knappe zehn Gehminuten von Stadtamhof entfernt.

Internationale Küche

25 [E4] **Al Camino** €, Haidplatz 7, Tel. 5997880, www.alcamino-regensburg.de, geöffnet: tgl. 11–24 Uhr. Zentral gelegener Italiener mit leckeren Quesadas, saftigen Pastas und knusprigen Holzofen-Pizzas, alle Gerichte auch zum Mitnehmen.

26 [F3] **L'Osteria** €, Watmarkt 1, Tel. 5999181, www.losteria.de, geöffnet: Mo–Sa 11–24, So 12–24 Uhr. Preiswerter Italiener mit wöchentlich wechselnden Menüs nach althergebrachten Rezepten, die man wahlweise im modern gestylten Innern oder draußen mit Blick auf den schönen Baumburgerturm genießen kann.

27 [D4] **Mirabelle** €€, Drei-Mohren-Str. 11, Tel. 5956550, http://mirabelle-regensburg.de, geöffnet: Mo–Sa 18–24 Uhr. Niveauvoll französisch speisen, z. B. gefüllte Rucolacrêpes mit Pilzen in Rieslingsauce oder gebratene Kalbsnieren mit Orangensenfkörnersauce.

28 [E4] **Orphée** €€, Untere Bachgasse 8, Tel. 52977, www.hotel-orphee.de, geöffnet: tgl. 8–1 Uhr. Das Orphée ist ein

Klassiker in der Regensburger Gastroszene: Seit 1896 verwöhnt dieses französische Restaurant und Bistro die Gäste mit erlesenen Speisen und zuvorkommendem Service; umgeben von alten Plakaten, Büsten und Bildern fühlen sich Gäste in das Fin de Siècle zurückversetzt. Zum Restaurant gehören drei Hotels: Großes und Kleines Haus sowie Andreasstadel.

› **Restaurant St. Erhard** €-€€, im Kolpinghaus (s. S. 130), Di–Fr 16–24, Sa 9–24, So und feiertags 11–15 Uhr. Gediegene internationale Küche.

29 [E4] **The Thai** €, Rote Hahnengasse 3, Tel. 9467565, www.thethai.de, geöffnet: tgl. 11–23, warme Küche bis 22 Uhr. Von mild bis pikant – leckere Fisch-, Fleisch- und Gemüsegerichte aus allen Regionen Thailands; die Bangkok Blues Bar lockt zusätzlich mit kleinen Snacks; von Mitte April bis Oktober kann man am Haidplatz gemütlich im Freien sitzen.

Mittelalterlich

30 [E4] **Zur geflickten Trommel** €, Gesandtenstr. 2, Tel. 56996489, www.geflickte-trommel.de, geöffnet: So–Do 17–1, Fr/Sa 17–2 Uhr, Juni–Aug. Mo Ruhetag (außer feiertags). Hier wähnt man sich im Rittersaal einer alten Burg: Gegessen wird Flammkuchen (über 20 verschiedene Varianten, viele vegetarisch) oder Deftiges wie geräucherte Bauernbratwürste, dazu gibt es wahlweise auch Honig- (Met) oder Gewürzwein (Hypocras).

Cafés

31 [E4] **Anna,** Gesandtenstr. 5, Tel. 2060230, www.anna-cafe.de, geöffnet: Mo–Sa 9–19, So und feiertags 9.30–19 Uhr. Die große, helle Gewölbehalle lädt zum Entspannen bei einer Tasse Kaffee oder Tee ein. Sehr verführerisch sind auch die vizelen Torten und Eissorten. Zum Café gehört eine große Bäckerei.

32 [D6] **Café Antoinette,** Emmeramsplatz 6, Tel. 58619840, www.antoinette.cafe, geöffnet: Di–So 10–18 Uhr. Dank der komplett verglasten Wände ist das dem Fürstlichen Schloss 18 benachbarte Café ungewöhnlich hell. Im Angebot sind leckere Kuchen, Torten, Brotzeiten und kleine Mittagsgerichte.

33 [D4] **Cafe-Bar,** Gesandtenstr. 14, Tel. 54167, http://cafebar-regensburg.de, Mo–Mi 8–24, Do/Fr 8–1, Sa 9–1, So 13–24 Uhr. Zu einer kleinen Pause unter einer Glasdecke im Jugendstil lädt das angenehme Café ein, bei gutem Wetter locken zusätzlich einige Freisitze gegenüber der Dreieinigkeitskirche zum „Leute gucken".

› **Café Porta,** im Bischofshof am Dom (s. S. 129), www.hotel-bischofshof.de/cafe-porta. Vor allem der im Sommer geöffnete weitläufige, stimmungsvolle Innenhof lädt zum Verweilen und Genießen ein.

34 [E4] **Goldenes Kreuz,** Haidplatz 7, Tel. 57232, www.hotel-goldeneskreuz.de, geöffnet: Mo–Sa 7–19, So 9–19 Uhr. In diesem Traditionscafé im Stil Wiener Kaffeehäuser gingen schon viele Promis ein und aus. Herrlich ist der Blick im Sommer von den Sitzen im Freien auf das Treiben am Platz.

› **Milchschwammerl** (s. S. 75), einfaches Stehcafé in einem im Park gelegenen großen Fliegenpilz.

35 [F3] **moccabar,** Brückstraße 5, Tel. 5865527, www.moccabar-regensburg.com, geöffnet: Mo–Do 8–23, Fr/Sa 8–1 und So sowie feiertags 9–23 Uhr. Kleine und gemütliche Café-Bar direkt

Gastro- und Nightlife-Areale

Bläulich hervorgehobene Bereiche in den Karten kennzeichnen Gebiete mit einem dichten Angebot an Restaurants, Bars, Klubs, Discos etc.

EXTRATIPPS

Lokale mit guter Aussicht

› **Alte Linde** (s. S. 94), tolle Aussicht über Donau, Dom und Altstadt.

40 [F4] **Dinea** €, Neupfarrplatz 8,4. OG des Galeria Kaufhof, Tel. 5837220, www.dinea.de/regensburg, geöffnet: Mo–Sa 9–20 Uhr. Die Terrasse des Restaurants mit Salaten, Kuchen, Desserts und täglich wechselnden Hauptgerichten bietet eine fantastische Aussicht auf die Dächerlandschaft der Altstadt.

› **Restaurant Brandner** €€, im **Sorat Insel-Hotel** (s. S. 131), Tel. 8104470, www.sorat-hotels.com/de/hotel/regensburg/restaurant-brandner.html, geöffnet: Mi–Sa 11.30–23.30 Uhr, Frühstück Mo–Fr 6.30–10.30, Sa/So 7–11 Uhr. Von der Terrasse genießen Gourmets sowohl die bayerische und internationale Küche als auch die fantastische Aussicht auf Donau und Dom.

› **Spitalgarten** (s. S. 94), idyllische Aussicht auf die Donau mit Steinerner Brücke.

Dinner for one

Für Einzelgänger eignet sich der **Kneitinger** (s. S. 93): Die Kellnerinnen platzieren hier Einzelgäste an einen Tisch, und in der Regel kommt man dann mit den Tischnachbarn schnell ins Gespräch.

Für den späten Hunger

41 [E3] **Laras Imbiss** €, Silberne-Kranz-Gasse 1, Tel. 5861754, geöffnet: tgl. 11–2 Uhr. Unweit des Fischmarkts bietet dieser Stehimbiss mit Sitzgelegenheit leckere orientalische Speisen an.

42 [E4] **Zara Grill** €, Rote-Hahnen-Gasse 4, Di–So 10.30–2 Uhr. Das Lokal an der Pustetpassage lockt mit Pizza, Döner u. a. türkischen Gerichten, auch vegetarisch und vegan.

unterhalb der Steinernen Brücke. Ob morgens zum Frühstück oder abends – hier gibt es hervorragenden Kaffee und Cocktails. Ideal im Sommer: die vielen Plätze im Freien.

36 [E4] **Moritz,** Untere Bachgasse 15, Tel. 5998840, www.cafemoritz.com, geöffnet: Mo–Sa 7.30–1, So und feiertags 9–1 Uhr. Eine Stärkung zwischendurch gefällig? Diese stilvolle Cafébar bietet außer Frühstück und Kuchen auch leckere Suppen, Salate und kleine Snacks wie Panini und Tramezzini. Abends werden Wein und Cocktails angeboten.

37 [G5] **MuseumsCafé im Historischen Museum,** Dachauplatz 2–4, Tel. 5676276, www.cafe-im-museum.de, geöffnet: in der Regel tgl. 10–20 Uhr, in den Sommerferien Mo geschlossen. Abseits des Verkehrstrubels lädt der begrünte Innenhof des ehemaligen Kreuzgangs die Besucher zum Ausspannen und Verweilen mit Kaffeespezialitäten und hausgemachten Kuchen ein. Für den kleinen oder großen Hunger gibt es zudem preiswerte Tagesgerichte bis 14 Uhr, danach nur Snacks.

38 [E4] **Prinzess Café Confiserie,** Rathausplatz 2, Tel. 595310, www.cafe-prinzess.de, geöffnet: Mo–Sa 9–18.30, So 10–18 Uhr. Seit über 300 Jahren, genauer seit 1686, verwöhnt das Haus seine Gäste mit exzellenten Torten, feinen Pralinen und besten Kaffeespezialitäten. Zu jeder Jahreszeit lädt der gemütliche *Salon de thé* zum Ausspannen ein; im Sommer bieten die Plätze im Freien einen wunderschönen Blick auf das Rathaus.

Bistros

39 [F4] **ALEX** €, Neupfarrplatz 6a, Tel. 584060, www.dein-alex.de, geöffnet: Mo–Do 8–1, Fr/Sa 8–2, So und feiertags 9–1 Uhr. Ein kleiner Imbiss zwischendurch, etwa Flammkuchen, Burger,

Suppen, Ciabatta und Waffeln gefällig? An schönen Tagen verführen die Sitzgelegenheiten draußen zum Dösen und Relaxen.

43 [B6] **Bistro Rosarium** €, Hoppestr. 3a, Schweizer Haus im Dörnberg-Park, Tel. 26885, www.bistro-rosarium.de, geöffnet: Di–Sa 10–23, So 10–18 Uhr. Eine Oase des erlesenen Geschmacks und der Ruhe, nur wenige Gehminuten vom historischen Zentrum entfernt, ist dieses Bistro-Restaurant mit seinem wunderschönen Rosengarten. Die Menükarte wechselt wöchentlich, montags und freitags gibt es preisgünstige Mittagsgerichte.

44 [G4] **Café Bistro La Chapelle** €, Alter Kornmarkt 1, Tel. 50275978, www.la-chapelle-regensburg.de, Mo–Do 9-22, Fr/Sa 9–24, So und feiertags 10–18 Uhr. Hier kann man ein reichhaltiges Frühstück und wechselnde Mittagsgerichte – dazu den passenden französischen Wein oder ein süffiges Bier einer bayerischen Brauerei – in historischem Ambiente unter gotischen Kreuzrippengewölben oder von der Terrasse mit Blick auf die Alte Kapelle 13 genießen.

Lecker vegetarisch

45 [D3] **kAffé dAdA** €, Rote-Löwen-Str. 11, Tel. 56993489, http://kaffedada.com, geöffnet: Mo–Fr 12–22, Sa/So 12–23 Uhr. Verschiedene vegetarische und vegane Burger gibt es hier beim Arnulfsplatz, neben den leckeren Gerichten der Standardkarte auch vier bis fünf Speisen der wöchentlich wechselnden Abendkarte (ab 18 Uhr).

46 [E4] **Mischbar** €, Gesandtenstr. 3–5, Tel. 29030910, geöffnet: Mo–Sa 10–21, So und feiertags 11–20 Uhr. Viele vegetarische Gerichte für den Hunger zwischendurch werden hier geboten, vor allem Salate, Suppen, Baguettes und milde bis scharfe Currygerichte. Besonders empfehlenswert sind die leckeren Säfte und erfrischenden Joghurt-Shakes.

› **Orphée** (s. S. 94). Auf der Speisekarte finden sich ein halbes Dutzend vegetarische Gerichte, etwa die Strangolapreti (Priesterwürger) genannten Spinatknödel mit Blaukraut.

47 [G5] **Taracafé** €, Am Brixener Hof 5, Tel. 64635541, www.taracafe-regensburg.de, geöffnet: Di–Sa 9–18 Uhr, im Sommer zusätzlich Mo 11.30–18 Uhr. Das zertifizierte Bio-Restaurant bietet vegetarische und vegane Speisen wie Hummus, Salate, Tofu oder Falafel sowie glutenfreie Kuchen und zum Frühstück (bis 11.30 Uhr) unter anderem eine leckere Hirse-Vanille-Bowl.

011rb Abb.: jb

Im Dörnberg-Park 51: Das Bistro Rosarium im Schweizer Haus

Regensburg am Abend

Die Vielfalt der Ausgehmöglichkeiten in Regensburg lassen manch andere Städte dieser Größenordnung neidisch auf die Donaumetropole blicken. Von gehobener Unterhaltung wie Oper, Theater und Ballett bis hin zur schrägen kurzlebigen Bar und dem urigen Jazzkeller ist alles auf engstem Raum vertreten.

In der Regensburger Altstadt ist die **Kneipendichte legendär,** von der einige sogar behaupten, dass sie – tatsächlich oder gefühlt – sogar die höchste deutschlandweit sei. Unbestreitbar wird das Nachtleben maßgeblich von den vielen Studenten geprägt. Im Kern der **Altstadt zwischen Dom 1, Steinerner Brücke 44 und Bismarckplatz 28** sowie im **Obermünsterviertel** in der näheren Umgebung der Obermünsterstraße [E/F5] hat sich eine lebendige Nightlife-Szene etabliert.

Regensburg ist daher ein Paradies für Nachtschwärmer, insbesondere im Sommer, wenn etliche **Restaurants und Cafés** mit Tischen auf den Plätzen und in den Gassen zum Genießen der schönen Atmosphäre „open air" einladen.

Das **Aktionsbündnis „Fair feiern"** (www.fair-feiern.de) von Anwohnern, Gastronomen und der Polizei zeigt jedoch, dass die Partykultur – vor allem zu fortgeschrittener Stunde – auch ihre Schattenseiten hat. Mit Plakaten und Kurzvideos will man Vandalismus, „wildes Pinkeln" und ähnliche Auswüchse zumindest einschränken. So ist die **Sperrzeit** auch immer wieder leidiges Thema bei Diskussionen. Generell gilt: Von Sonntag bis Donnerstag sind die Läden spätestens um 2 Uhr, Freitag und Samstag um 4 Uhr dicht.

Nachtleben

Kneipen und Pubs

48 [E4] **Apotheke,** Rote-Hahnen-Gasse 8, Tel. 5843999, geöffnet: Mo–Do 14–1, Fr/Sa 14–2, So 18.30–1 Uhr. Studenten und junges Publikum tummeln sich hier zwanglos und schätzen außer den Drinks die wechselnden Live-DJs.

49 [F5] **Café Felix,** Fröhliche Türkenstraße 6, Tel. 59059, www.cafefelix.de, geöffnet: Mo–Sa 9–23, So und feiertags 10–23 Uhr, warme Küche bis 21 Uhr. Tagsüber ein gemütliches Café, besonders geeignet zum Frühstücken, abends eine trendige Bar mit guter Auswahl an Gin, Whisky und gängigen Cocktails. Dann und wann verwandelt sich auch der Tresen in eine Tanzfläche.

50 [E4] **Hemingway's,** Obere Bachgasse 3–5, http://hemingways.de, Tel. 78845161, geöffnet: So–Do 9–1, Fr/Sa 9–2 Uhr. Café, Bar und Restaurant in einem – bei Hemingway's gibt es neben internationaler Küche (bis 22 Uhr) auch regelmäßig Events wie Girls Night, Unplugged-Konzerte, Disco Bubble, Burger-Tag, 99 Luftballons mit deutschen Hits und jede Menge Spaß!

51 [E4] **Hinterhaus,** Rote-Hahnen-Gasse 2, www.hinterhaus-regensburg.de, Tel. 5998134, geöffnet: tgl. 18–2 Uhr. Die womöglich kultigste Studentenkneipe Regensburgs lockt mit coolem Publikum, Snacks wie Flammkuchen, und immer wieder mal mit toller Livemusik.

52 [F3] **Irish Harp,** Brückstr. 1, Tel. 57268, geöffnet: Mo–Do 18–1, Fr/Sa 18–2, So 18–24 Uhr. Fast täglich gute Livemusik (Mo–Sa ab 21 Uhr) und nicht zu hohe Getränkepreise – wen wunderts, dass das Pub ab dem frühen Abend regelmäßig voll ist?

53 [E4] **Ka5per Cocktailbar,** Hinter der Grieb 5, Tel. 59579099, http://ka5per.

de, geöffnet: tgl. ab 20 Uhr. Angesagte Cocktailbar im Gewölbe einer alten Synagoge. Kreative Auswahl an Gin-Longdrinks und abwechslungsreiche Interpretationen klassischer Cocktails.

54 [G6] **Max's Bar,** Maximilianstr. 28, Tel. 0171 5370914, www.maxs-bar.de, geöffnet: Mo, Mi 20–1, Do 20–2, Fr/Sa 20–4 Uhr. Stilvolle Cocktailbar im Untergeschoss des Park Hotel Maximilian, Cocktails Mo–Mi 20–22 Uhr 4,50 €, Do–Sa 20–22 Uhr 5 €.

55 [D4] **Neue Filmbühne,** Bismarckplatz 9, http://neue-filmbühne.com, Tel. 57037, geöffnet: tgl. 9–2 Uhr. Der ideale Platz, um in Theaternähe nach der Vorstellung noch einen Cocktail zu genießen. Es gibt auch eine Wochenkarte mit täglich wechselnden Gerichten (warme Küche bis 22 Uhr), die in der warmen Jahreszeit auch auf der großen Terrasse auf dem Platz serviert werden.

Discos und Klubs

56 [F6] **Heart,** St.Peters-Weg 15, www.heart-regensburg.de, Tel. 58418383, Do 23–3 und Fr/Sa 23–4 Uhr. Modernste Technik, Lichtregie und große LED-Wände in historischem Gemäuer auf rund 1000 m²: Unter dem Parkhaus im Obermünsterviertel vereint das Heart zwei Bars und drei unterschiedlich eingerichtete Klubs, die mit R'n'B, Black, Deep House und EDM Jung und Alt gleichermaßen ansprechen. Besonders effektvoll in Szene gesetzt ist die originelle alte Pfeilerhalle mit Kreuzgewölbe.

57 [F4] **Helga Studentenclub,** Domplatz 3, Do 23–3 und Fr/Sa 23–4 Uhr. Der „Studentenclub am Dom" mit zwei Bars besticht durch eine große Tanzfläche und ein breit gefächertes Musikangebot von Hip-Hop bis Electro. Populär sind nicht zuletzt die Mottopartys wie Balkan oder Russian Night sowie die Getränkespecials – auch für Nicht-Studenten.

Smoker's Guide

Ausnahmsloses Rauchverbot in geschlossenen Räumen – Rauchen ist in allen Gaststätten, Kneipen, Bars und sogar Festzelten grundsätzlich verboten. Wer rauchen will, muss das vor der Tür im Freien tun.

58 [E4] **Scala,** Gesandtenstr. 6/Pustetpassage, Tel. 52293, www.scalaclub.de, geöffnet: Mi 20–3, Do 23–3, Fr/Sa 23–4 Uhr. Abfeiern bis frühmorgens mit Indie, Fresh Metal oder Elektropop auf der großen Tanzfläche oder gemütlich mit einem Cocktail in einer der Sitzecken. Donnerstags ist Gayday.

59 [E5] **Zap,** Augustinergasse 3, Tel. 53133, www.zarapzapzap.de, geöffnet: Mi/Do 22–3, Fr/Sa 22–4 Uhr. Auf dem Dancefloor des Zap trifft sich ein eher studentisches Publikum, das von den moderaten Getränkepreisen und dem tollen Ambiente des historischen Gewölbes angezogen wird.

Theater, Oper und Konzerte

Tickets für Veranstaltungen wie Festivals, Opern, Musicals, Open-Air-Konzerte und Theater erhält man bei:

- **Mittelbayerischer Kartenvorverkauf im Donau-Einkaufszentrum** (s. S. 105), Tel. 466160, geöffnet: Mo–Sa 9–20 Uhr
- **Tourist Information** (s. S. 121)

Theater Regensburg

Die Aufführungen der verschiedenen städtischen Theater, zusammengefasst unter dem Begriff **Theater Regensburg,** finden an **unterschiedlichen Orten** statt: Bismarckplatz **28**, Haidplatz **31**, Watmarkt **39** und am Arnulfsplatz. Kleineren Kulturinteressierten bietet die Stadt eine Reihe schöner Kindertheater (s. S. 124).

› **Infos** zum Spielplan und Tickets erhält man unter Tel. 5072424 oder unter www.theater-regensburg.de.

60 [D4] **Theater am Bismarckplatz,** Bismarckplatz 7. Die 1804 errichtete und in den 1990er-Jahren komplett sanierte Spielstätte ist das Stammhaus des Regensburger Theaters. Bis zu 500 Besucher genießen Opern, Operetten, Musicals sowie Schauspiel und Ballett.

61 [E3] **Theater am Haidplatz,** Haidplatz 8. Im Sommer ist die große Bühne im Arkaden-Innenhof des historischen Thon-Dittmer-Palais 35 eine Spielstätte der Extraklasse. Aufgeführt wird hier überwiegend modernes Theater.

› **Turmtheater im Goliathhaus** 40, Am Watmarkt 5, Tel. 562233, Service: Di–Fr 13.30–18 Uhr, www.regensburger turmtheater.de. Im 5. Stock des alten Patrizierturms präsentiert das Theater mit über 80 Plätzen Kabarett, Komödien und Improvisationstheater sowie Lesungen und Podiumsdiskussionen.

62 [C4] **Velodrom,** Arnulfsplatz 4b. Das 1998 vollendete Velodrom dient hauptsächlich der Aufführung von Ballett, Schauspiel und Musical.

Weitere Spielstätten

63 [cg] **Alte Mälzerei,** Galgenbergstr. 20, Tel. 7888110, www.alte-maelzerei.de, Sept.–Mai Mo–Mi, Fr 9–12 und 13–16, Do 9–12 und 13–18 Uhr, Juni–Aug. Mo–Fr 10–15 Uhr. Das Kulturzentrum – meist kurz „Mälze" genannt – ist längst eine feste Institution in Regensburg. Neben den Konzerten, Lesungen, Theater und Kabarett sind auch das Internationale Thurn und Taxis Kleinkunstfestival und die Regensburger Tanztage (s. S. 108) beliebt.

› **Jazzclub in der Städtischen Galerie im Leeren Beutel** (s. S. 88), Tel. 563375, www.jazzclub-regensburg.de. Die große Konzerthalle der Städtischen Galerie ist immer ein Publikumsmagnet: Die Konzerte des fast 30 Jahre alten Regensburger Jazzclubs umfassen Spielarten wie Latin-Jazz, Jazz-Rap und Smooth-Jazz.

64 [C3] **Kleinkunstbühne Statt-Theater,** Winklergasse 16, Tel. 53302, www.statt-theater.de. Die abwechslungsreiche Mischung aus Kabarett und ausgewählten Konzerten ist seit drei Jahrzehnten das Erfolgsrezept der in der Westnerwacht gelegenen Spielstätte.

Kinos

› **Filmgalerie in der Städtischen Galerie im Leeren Beutel** (s. S. 88), Filmgalerie: Tel. 2984563, www.filmgalerie.de. Filme von Regisseuren aller Kontinente original mit deutschen Untertiteln, darunter auch viele Erstaufführungen.

65 [D3] **Garbo Kino,** Weißgerbergraben 11 a, Tel. 57586, www.altstadtkinos.de. Nostalgisches Flair der Zwischenkriegszeit und modernste Projektionstechnik versprechen einen wahrhaften Filmgenuss. Jede Woche (meist Mi.) ein Klassiker mit rundem Jubiläum gratis.

66 [G2] **Kinos im Andreasstadel,** Andreasstr. 28, Tel. 89799169, www.kinos-im-andreasstadel.de. Internationale Produktionen jenseits des Mainstreams, auch spezielle Film- und Kulturwochen. Für einen Drink vor oder nach der Vorstellung lockt das Café-Restaurant Akademiesalon.

67 [I5] **Ostentor Kino,** Adolf-Schmetzer-Str. 5, Tel. 791974, www.ostentorkino.de. Gespielt werden Independent, Arthouse und preisgekrönte internationale Produktionen, jedoch kein Hollywood-Mainstream.

Die Bücher Pustet Dombuchhandlung mit gotischem Spitzbogengewölbe

080rb Abb.: jb

Regensburg für Shoppingfans

Die Regensburger Altstadt ist ein Einkaufsparadies. Auf engstem Raum drängen sich **500 bis 600 Geschäfte,** die mit Sicherheit keine Wünsche offenlassen. Entlang der vielen Gassen, Straßen und Plätze wechseln sich kleine, originelle Boutiquen mit Filialen bekannter internationaler Ketten und hervorragenden Fachgeschäften ab. Beim Bummeln findet der eine hier vielleicht das lang gesuchte Accessoire fürs Büro oder die Küche, der andere ergattert dort möglicherweise einen passenden Dekoartikel für das Wohn- oder Schlafzimmer.

Zum Shopping-Erlebnis trägt auch maßgeblich das **historische Ambiente in den Innenräumen** bei. Ungewöhnlich viele Läden offerieren ihr Sortiment in ehemaligen Hauskapellen reicher Patrizier unter schön restaurierten gotischen Spitzbogengewölben, die teils steinsichtig, teils verputzt sind – da macht das Stöbern nach dem originellen Souvenir oder dem richtigen Schnäppchen gleich doppelt Spaß. Unter dem Motto **„Einkaufserlebnis Welterbe“** haben sich bislang rund 40 Geschäfte einer Initiative der Stadt Regensburg angeschlossen, diese verborgenen architektonischen Schätze bei einer Einkaufstour zu entdecken. Einen Flyer mit Lageplan bietet u.a. die Tourist Information (s.S. 121).

Das **wichtigste Shopping-Areal** ist das Gassengewirr zwischen Dom 1 und Bismarck- bzw. Arnulfsplatz [D4], das überwiegend für den motorisierten Verkehr gesperrt ist. Etwas dünner gesät ist die Ladendichte im Obermünsterviertel [E/F5] südlich des Neupfarrplatzes 20. Hier liegt mit Galeria Kaufhof das einzige **Einkaufszentrum** in der Altstadt, zwei weitere Shoppingmalls – die Arcaden und das Donau-Einkaufszentrum – finden sich unmittelbar neben dem Hauptbahnhof bzw. etwa 2 km nordöstlich der Altstadt (s.S. 105). Besonders stimmungsvoll sind die kleine **Markthalle** beim Dachauplatz [G5] und der **Wochenmarkt** (s.S. 105), der samstags am Alten Kornmarkt 9 stattfindet.

Einkaufstipps

Bücher

68 [E3] **Buchhandlung am Kohlenmarkt,** Zieroldsplatz 2, Tel. 53468, geöffnet: Mo–Fr 9–18, Sa 9–16 Uhr. Die zentral gelegene Buchhandlung mit sehr persönlicher Beratung ist eine Fundgrube, auch für ältere und bereits vergriffene Titel.

69 [E4] **Bücher Pustet,** Gesandtenstr. 6–8, Tel. 56970, www.pustet.de, geöffnet: Mo–Sa 9.30–20 Uhr. Die zentral gelegene Buchhandlung gilt als eine der bestsortierten der Stadt. Der zugehörige Pustet Verlag publiziert Bücher mit den Schwerpunkten Kunst, Geschichte, Archäologie, Regensburg und Bayern.

70 [F4] **Bücher Pustet Dombuchhandlung,** Domplatz 7, Tel. 5998010, www.pustet.de, geöffnet: Mo–Fr 9.30–19, Sa 9.30–18 Uhr. Auf mehrere Räume mit gotischen Gewölben verteilte Buchhandlung mit einem breiten Sortiment an Theologie, Regionalia und Souvenir- sowie Kinderbüchern.

71 [F5] **Dombrowsky,** St.-Kassians-Platz 6, Tel. 560422, www.dombrolit.de, geöffnet: Mo–Fr 9.30–18.30, Sa 9.30–18 Uhr. Alteingesessene Buchhandlung, die sich mit regelmäßigen Autorenlesungen (z. B. Literarischer Herbst) sowie der Leseförderung in Kindergärten und Schulen einen Namen gemacht hat. Von der Zeitschrift „Buchmarkt" zur Buchhandlung des Jahres 2014/2015 gekürt, Deutscher Buchhandlungspreis 2015 bis 2017.

72 [E4] **freytag & berndt,** Kohlenmarkt 1, Tel. 5840832, www.freytagberndt.de, geöffnet: Mo–Fr 10–19, Sa 9.30–18 Uhr. Schwerpunkt sind Reiseführer und -berichte, Bildbände und Landkarten, Letztere auch in 3D.

73 [cg] **Hugendubel,** Friedenstraße 23, Tel. 089 30757575, www.hugendubel.de, geöffnet: Mo–Sa 9–20 Uhr. Breites Sortiment von Belletristik, Sach- und Fachbüchern aller Art sowie Landkarten und CDs, viele Sonderangebote.

Shoppingareale

Die wichtigsten Shoppingbereiche der Stadt sind im Kartenmaterial mit einer rötlichen Fläche markiert.

Kulinaria

74 [E5] **Bäckerei Schwarzer,** Obere Bachgasse 7, Tel. 57557, www.schwarzer-kipferl.de, geöffnet: Mo–Fr 6–18, Sa 5.30–14 Uhr. Hier gibt es die bekannten handgemachten Schwarzer Kipferl – und zwar die Originale!

75 [F4] **Eilles,** Neupfarrplatz 13, Tel. 5041627, www.eilles-tee.de, geöffnet: Mo–Mi und Sa 9–19, Do/Fr 9–20 Uhr. Die mit zahlreichen Filialen in ganz Bayern vertretene Kette ist bekannt für feinste Tee- und Kaffeesorten, zusätzlich sind Gebäck, Pralinen und Spirituosen im Sortiment.

76 [E4] **Gewürz Depot,** Hinter der Grieb 3, Tel. 58612571, www.gewuerz-depot.de, geöffnet: Mo–Sa 10–18 Uhr. Eine Fundgrube für jeden Gourmet ist das umfassende Sortiment an Gewürzen (besonders viele Curry- und Pfeffersorten, auch Bioprodukte), Kräuter, Senf, Ölen und Essig – selbst hergestellt von einer zertifizierten Gewürzsommelière mit langjähriger Erfahrung.

77 [F5] **Rehorik,** Am Brixener Hof 6, Tel. 51727, www.rehorik.de, geöffnet: Mo–Mi 9.30–18, Do/Fr 9.30–18.30 und Sa 9–18 Uhr. Kaffeesorten aus aller Welt werden in diesem renommierten Haus bereits seit 1928 geröstet – in einem besonders langsamen Prozess, damit alle Aromen erhalten bleiben. Zum Angebot gehört ein umfangreiches Sortiment an Weinen, Spirituosen, Tee, Käse und Süßwaren.

78 [D4] **The Whisky Brothers,** Glockengasse 8, Tel. 99224415, www.the-whisky-brothers.de, geöffnet: Mo–Fr 10–18 und Sa 10–16 Uhr. In dem inhabergeführten Fachgeschäft erwartet den Besucher eine exklusive Auswahl an schottischen, irischen, amerikanischen und internationalen Whisk(e)ys sowie eine erlesene Vielfalt an Gin, Rum und lokalen Spezialitäten. Auf eine kompetente Beratung wird in dem sehenswerten Geschäft viel Wert gelegt. Persönliche Empfehlung: der hausgemachte „Castra Regina Gin" aus Regensburg.

Mode, Parfümerie und Schmuck

79 [E4] **F. X. Miller Parfümerie,** Neupfarrplatz 16, www.parfuemerie-miller.de, Tel. 52428, geöffnet: Mo–Fr 9.30–18.30, Sa 9.30–17 Uhr. Das aus einer alten Seifensiederei des 19. Jahrhunderts hervorgegangene Geschäft offeriert heute neben Kosmetika etwa 800 verschiedene Parfüme, Anti-Aging-Masken und Kosmetika, insbesondere hochwertige Naturpflegeprodukte.

80 [F5] **Goldschmiede Piechula,** Schwarze-Bären-Straße 2, Tel. 5998802, www.goldschmiede-piechula.de, geöffnet: Di–Fr 11–18, Sa 10–16 Uhr. Eine originelle Idee: Unter fachlicher Anleitung mit mehr als 40 Jahren Erfahrung kann man individuelle Ringe aus Gold oder Platin mit Signatur und Verzierung selbst schmieden. Werkstatttermine nach Vereinbarung.

81 [F4] **Hutkönig,** Krauterermarkt 1, Tel. 51840, www.hutmacher.de, geöffnet: Mo–Fr 10–18, Sa 10–16 Uhr. Seit 1875 fertigt der „Hutmacher am Dom" in althandwerklicher Weise mit bis zu 80 einzelnen Arbeitsschritten passgenaue und stabile Filzhüte für Damen und Herren.

82 [F3] **La Donna Moden,** Weiße-Hahnen-Gasse 4–6, Tel. 5999614, www.la-donna-moden.de, geöffnet: Mo–Fr 10–18.30, Sa 10–17 Uhr. Das große Geschäft mit fast 400 m² bietet elegante Anlassmode für Damen und eine eigene Änderungsschneiderei, auf persönliche Beratung wird großer Wert gelegt. Zu diesem zentral gelegenen Modehaus gehört auch „La Donna Scarpe" in der Goliathstraße 10.

83 [E4] **La Femme,** Wahlenstr. 2, Eingang am Kohlenmarkt, Tel. 59873525, www.la-femme-fashion.de, geöffnet: Mo–Sa 10–18 Uhr. Riesige Auswahl an zeitlos schönen Abend- und Cocktailkleidern in vielen Schnitten und Farben, dazu das richtige Abendtäschchen und der eleganteste Schmuck.

84 [E4] **Lederwaren Umsonst,** Wahlenstr. 11, Tel. 51722, geöffnet: Mo–Fr 10–18, Sa 10–17 Uhr. Kostenlos gibts hier nichts, aber jede Menge Taschen, Handschuhe, Schirme und Kleinlederwaren wie Brieftaschen in hoher Qualität, zusätzlich eine große Auswahl an Koffern.

85 [D4] **Ludwig3,** Glockengasse 3, Tel. 5999707, www.ludwig3.de, geöffnet: Di–Fr 11–18.30, Sa 11–18 Uhr. Nahezu alle Produkte dieses Concept Stores – Jeans, Tee, Kekse, Kosmetika und vor allem die modische, GOTS-zertifizierte

EXTRATIPP

Shop 'n' Stop

86 [F4] **Teehaus Bachfischer,** Kapellengasse 6/Ecke Schwarze-Bären-Straße, Tel. 51926, www.teehaus-bachfischer.de, geöffnet: Mo–Sa 9.30–18 Uhr. Dieses Teegeschäft bietet neben Zubehör auch eigene hausgemachte Mischungen. Mehrere Sitzplätze laden zum Teegenuss ein: Zur Auswahl stehen rund 20 Standardsorten für den Ausschank, auf Wunsch aber auch ein spezieller Aufguss aus dem 330 Teesorten umfassenden Sortiment.

081rb Abb.: jb

Kleidung – stammen aus Fairem Handel, zum Teil werden mit dem Kauf soziale Projekte (etwa in Nepal) unterstützt. Der Inhaberin wurde als Anerkennung des außergewöhnlichen Engagements der „FA!R – Handelspreis 2010" verliehen.

87 [E4] **Trachten Gössl,** Neue-Waag-Gasse 2, Tel. 4480277, www.goessl.com, geöffnet: Mo–Fr 10–18, Sa 10–16 Uhr. Ob Ledahosn, Dirndl oder Hochzeitskleid – hier gibt es traditionelle und moderne Trachten für jeden Anlass und Geschmack.

Antiquitäten

88 [F4] **Antikhaus Insam,** Tändlergasse 3 u. 6, Tel. 51074, www.antikhaus-insam.de, geöffnet: Mo–Sa 10–18 Uhr. Das renommierte Antiquitätengeschäft hält auf über 500 m² Ausstellungsfläche viele Biedermeiermöbel, Ölgemälde, Silberschmuck und alte Grafiken für Sammler bereit. Zum Haus gehört das europaweit bedeutende Golf-Museum im Untergeschoss (s. S. 87).

89 [F4] **Coloneum Antiquitäten,** Watmarkt 3, Tel. 52300, www.coloneum-antik.de, geöffnet: Mo–Sa 10–18 Uhr. Eine Fundgrube für Liebhaber ausgefallener Möbel im Stil des Empire und Biedermeier aus Süddeutschland und Österreich sowie Art déco aus Frankreich.

Ausgefallenes

90 [D4] **Bürsten Ernst,** Glockengasse 10, Tel. 51721, www.buersten-ernst.de, geöffnet: Mo–Fr 10–18, Sa 10–16 Uhr. Das Erfolgsrezept des in der vierten Generation geführten Ladens: alte handwerkliche Verarbeitung, kombiniert mit ausgeprägtem Qualitätsbewusstsein und hochwertigen Pflanzenfaser- und Naturborsten.

91 [E4] **Étagère,** Wahlenstr. 16, Tel. 5998298, www.etagere-regensburg.de, geöffnet: Mo–Fr 10–19, Sa 10–18 Uhr. Nach dem Motto *L'art de vivre* bietet dieser zweiräumige Laden französische Delikatessen (u. a. verschiedene Öle und Senfsorten), Badeartikel, Kosmetika, Küchenbedarf, Porzellan, Weine und vieles mehr.

92 [E4] **Zinn Kleinschmidt,** Wahlenstr. 4, Tel. 54629, www.zinn-kleinschmidt.de, geöffnet: Mo–Fr 10–18, Sa 10–16, 1. April–15. Okt. und Advent auch So 11–16 Uhr. Originelle Regensburger Souvenirs sowie dekorative Geschenke aus Zinn, beispielsweise Anhänger, Teller, Plaketten, Krüge und Leuchter.

Appetitlich arrangierte Lebensmittel im Gewürzdepot

Kaufhäuser und Einkaufszentren

93 [df] **Donau-Einkaufszentrum,** Weichser Weg 5, www.donaueinkaufszentrum.de, Tel. 46080, geöffnet: Mo–Sa 9.30–20 Uhr. Mit 140 Fachgeschäften und Restaurants größtes Shoppingzentrum Ostbayerns.

94 [F4] **Galeria Kaufhof,** Neupfarrplatz 8, Tel. 58370, www.galeria-kaufhof.de, geöffnet: Mo–Sa 9–20 Uhr. Shoppen auf fünf Etagen: Mode, Lebensmittel, Schuhe, Schmuck, Spielwaren u. v. m.

95 [cg] **Regensburg Arcaden,** Friedenstr. 23, www.regensburg-arcaden.de, Tel. 705560, geöffnet: Mo–Sa 9.30–20, gastronomische Betriebe auch So 13–18 Uhr. Fünfundneunzig Shops auf zwei Ebenen – die super Lage sowie das breite Angebot sprechen für sich.

Märkte

96 [D1] **Dultplatz-Flohmarkt,** Dultplatz in Stadtamhof, Tel. 8905327, www.arche-nova-flohmarkt.de, geöffnet: Fr–So 10–19 Uhr. Der größte Flohmarkt der Oberpfalz dauert drei Tage und findet westlich des historischen Zentrums von Stadtamhof, zwischen Oberen Wöhrd und Europakanal, statt.

97 [F1] **Katharinenmarkt,** Stadtamhof, geöffnet: Mi 8–13 Uhr. Käse, Honig, Obst, Wurst, Gemüse, Fleisch und viele weitere Naturerzeugnisse aus der Regensburger Umgebung.

98 [G5] **Markthalle,** Dachauplatz 20a, www.markthalle-regensburg.de, Tel. 4615800, geöffnet: Mo–Sa 10–19.30 Uhr, einzelne Stände abweichend. Ein gutes Dutzend Läden bieten Obst, Käse, Salate, Spirituosen, Fisch, Brot und Wurst an. Vor den Augen des Gastes werden die Imbisse frisch zubereitet.

99 [G4] **Wochenmarkt,** Alter Kornmarkt, geöffnet: Sa 5–13 Uhr. Zahlreiche Stände mit hochwertigen Lebensmitteln aus der Region; lecker sind die Brotzeiten frisch auf die Hand.

Regensburg zum Träumen und Entspannen

Wer in den quirligen und teilweise recht engen Gassen einmal das Bedürfnis hat, „abzuschalten" und mal wirklich zu entspannen, hat in der Altstadt und näheren Umgebung zahlreiche Möglichkeiten.

In der Adolph-Kolping-Straße östlich des Niedermünsters 8, erhebt sich unübersehbar das **Kolpinghaus** (s. S. 130), Regensburgs größtes Kongresszentrum mit Jugendwohnheim. Mitarbeiter des Restaurants oder der Rezeption schließen gerne die **Hauskapelle** im 5. Stock auf. Der Andachtsraum besticht durch den Kontrast der blauen und roten Glasfenster, des originellen Lichtkreuzes in dem gerundeten Altarbereich und die gotischen Heiligenfiguren.

Neben dem Dom 1, in der Pfauengasse 2, liegt etwas versteckt die kleine **Maria-Läng-Kapelle** aus dem 17. Jh. Der barocke Sakralbau war

Das Keplerdenkmal im Fürst-Anselm-Park 52

084rb Abb.: jb

einst eine Hauskapelle und wird gerne von Regensburgern und eher selten von Touristen zur inneren Einkehr aufgesucht – ein geeigneter Ort für eine kleine Pause.

Oasen zum Relaxen, Träumen und Sonnenbaden gibt es natürlich auch in den weitläufigen **Grünanlagen** an der Peripherie der Altstadt, so im **Herzogspark** 49 mit seinem Renaissance- und Rosengarten, im **Stadtpark** 50 mit seinem Jüdischen Friedhof, im **Dörnberg-Park** 51 mit Schweizer Haus und zugehörigem Rosarium, dem **Fürst-Anselm-Park** 52 oder bei einem Spaziergang auf auf den **Winzerer Höhen** (s. S. 72).

Herrlich entspannen kann man auch während der beschaulichen **Schiffsfahrten** auf der Donau zur **Walhalla** 55 und zum **Kloster Weltenburg** 59. Beide Ausflüge verbinden hochkarätigen Kunstgenuss mit abwechslungsreichen und teilweise sogar spektakulären Landschaftseindrücken.

Zur richtigen Zeit am richtigen Ort

Der Gott der Kurzweil meint es gut mit Regensburg. Das ganze Jahr über gibt es eine Vielzahl an Konzerten, Volksfesten, Sportveranstaltungen, Tanz- und Markttagen und vielem mehr. In der Adventszeit locken vier über das ganze historische Zentrum verteilte Christkindlmärkte. Höhepunkte des Veranstaltungskalenders sind das Regensburger Bürgerfest, die Tage Alter Musik, der UNESCO-Welterbetag sowie die Thurn und Taxis Schlossfestspiele.

Tickets erhält man im Internet unter www.power-concerts.de oder bei der Tourist Information im Alten Rathaus 36. Die **genauen Termine** sind unter www.regensburg.de/veranstaltungen aufgelistet.

Frühjahr

- **Internationale Kurzfilmwoche** (www.kurzfilmwoche.de): Vier Kinos zeigen eine Woche lang alte und neue Kurzfilmproduktionen aus Deutschland und dem Ausland; Kinderprogramm sowie themen- und länderspezifische Schwerpunkte.
- **DONA-Ausstellung** (www.dona-online.de): Alle zwei Jahre (zu geraden Zahlen) lädt die einwöchige Messe Besucher zum Bummeln und Geldausgeben ein – geboten wird vom zierlichen Bonsai bis zur violetten Couch, von exotischen Gewürzen bis zu den neuesten Wellness- und Urlaubsangeboten so ziemlich alles.
- **Maidult** (www.regensburg.de/dult): Die Tradition der Dulten (Volksfeste) geht in der ehemaligen Freien Reichsstadt bis in das Mittelalter zurück. Typisch für die zweiwöchigen Regensburger Dulten unweit der Oberpfalzbrücke sind neben den großen Festzelten, Ausstellern und Fahrgeschäften auch zahlreiche Marktstände, auf deren Qualität besonderer Wert gelegt wird.
- **Internationales Thurn und Taxis Kleinkunstfestival „United Comedy"** (www.alte-maelzerei.de): Auf der Bühne der Alten Mälzerei (s. S. 100) präsentieren deutschsprachige Künstler einen Monat lang ihr Können in den Genres Comedy, Kabarett und Poetry Slam.
- **Rathauskonzerte** (www.regensburg.de): Die Kammermusikkonzerte internationaler und preisgekrönter Spitzenmusiker finden jeden April und Mai im historischen Reichssaal statt.
- **Tage Alter Musik** (www.tagealtermusik-regensburg.de): Seit 1984 zählen die Tage Alter Musik zu den weltweit renom-

miertesten Veranstaltungen ihrer Art. Internationale Stars lassen mit historischen Instrumenten und traditioneller Aufführungspraxis Musik von der Renaissance bis zur Romantik lebendig werden – Kunstgenuss auf höchstem Niveau in den zahlreichen Kirchen, Sälen und Innenhöfen.

- **Mundart-Festival** (www.mundartfestival-regensburg.de): Mundartkünstler aus ganz Bayern geben Anfang Juni auf dem Gelände des St. Katharinenspitals 47 bei freiem Eintritt ihr Bestes.

Sommer

- **UNESCO-Welterbetag** (www.regensburg.de/welterbe): Jeden ersten Sonntag im Juni macht die Stadt mit jährlich wechselnden Projekten und Themen auf die Einzigartigkeit der Altstadt aufmerksam; Grundidee der deutschlandweit stattfindenden Veranstaltung ist es, die einzelnen Welterbestätten für die Bevölkerung erlebbar zu machen.
- **Jahninselfest** (www.jahninselfest.de): Ob auf der Jahninsel oder beim Grieser Spitz, jede Menge Spaß für Jung und Alt gibt's direkt an der Donau mit etlichen Kleinkunstbühnen und Musikdarbietungen.
- **Serenaden im Museum** (www.serenaden-im-museum.de): Seit 1949 erfreuen sich die Serenaden im Historischen Museum 15 hoher Beliebtheit. Die ursprüngliche Idee, das Erleben bildender Kunst durch Musik zu erweitern und zu beflügeln, ist weiterhin aktuell.
- **Regensburger Bürgerfest** (www.regensburg.de): Seit nunmehr vier Jahrzehnten hat das alle zwei Jahre (jeweils die ungeraden) abgehaltene Bürgerfest einen festen Platz im Regensburger Veranstaltungskalender; die zahllosen Gassen und Plätze von Altstadt und Stadtamhof (s. S. 69) werden zur Bühne für Musikbands, Aktionskünstler, Imbissbuden und Schausteller; nicht versäumen: das fulminante Feuerwerk am Schluss!

058rb Abb.: dt©Gussmann

- **Spectaculum** (www.stadtmaus.de): Die Regensburger Veranstaltungsagentur Stadtmaus (s. S. 127) arrangiert mit Handwerkern, Gauklern, Lagerleben, Markttreiben, Speis und Trank sowie einem umfassenden Kinderprogramm im Grünen eine Zeitreise in das Mittelalter.
- **Thurn und Taxis Schlossfestspiele** (www.odeon-concerte.de): Jeden Juli seit 2003 ist das abwechslungsreiche Programm mit international renommierten Stars aus Oper, Musical, Operette, Schauspiel, Ballett sowie klassischer- und Popmusik

Das Mittelalterfestival Spectaculum zieht jedes Jahr viele Besucher und Schausteller an

im stimmungsvollen Schlosshof ein wahrer Publikumsmagnet.

- **Bayerisches Jazz-Weekend** (www.bayerisches-jazzweekend.de): Seit rund 40 Jahren ein Renner in Regensburg – das lange Jazz-Wochenende im Juli gehört zur Stadt wie der Dom oder die Steinerne Brücke. Swing, Modern Creative, Latin Jazz oder Downtown, jeder findet hier seine bevorzugte Stilrichtung.
- **Klangfarben Festival** (www.klangfarben.org): Am letzten Wochenende im Juli geben sich talentierte Musiker aus aller Herren Länder ein Stelldichein im Thon-Dittmer-Palais 35. Nicht versäumen sollte man den zugehörigen „Markt der Kulturen" auf dem Haidplatz 31.
- **Palazzo Festival** (www.palazzo-regensburg.de): Immer einen Besuch wert sind Ende Juli oder Anfang August die Vorstellungen deutscher und internationaler Stars im großen Arkadenhof des Thon-Dittmer-Palais 35. Die Palette der Konzerte und Künstler reicht von Rock und Blues über Jazz bis hin zu Soul und Musikkabarett.

Herbst

- **Herbstdult** (www.regensburg.de/dult): Bei der Regensburger Version des Oktoberfestes wird zwei Wochen lang in der Zeit August/September jede Menge Gaudi, Abwechslung, bayerische Schmankerl und Kurzweil geboten.
- **Stadtamhofer Weinfest** (www.regensburg.de): Zu Livemusik laden meist Anfang September etliche Stände entlang der Straße Stadtamhof [F1] zum Probieren der edlen Tropfen ein.
- **Familienfest beim Villapark** (www.regensburg.de): Das traditionsreiche, seit 1954 im Rahmen des Weltkindertags im September durchgeführte Fest offeriert ein umfangreiches Spielprogramm für Kinder und Jugendliche auf dem Sportplatz unweit des Villaparks.
- **Regensburger Tanztage** (www.regensburger-tanztage.de): Auf diesem Festival für zeitgenössichen Tanz und Choreografie glänzen Ende Oktober/Anfang November international bekannte Stars und Neuentdeckungen auf mehreren städtischen Bühnen mit ihrem Können.

Winter

- **Adventsmarkt im Katharinenspital** 47 (www.stadtmaus.de): Alljährlich wandelt sich der Spitalgarten (s. S. 94) in Stadtamhof zur großen Bühne für Weihnachtsstände, Livekonzerte und Schausteller; ab Ende November tgl. Mo–Fr 16–22, Sa 11–22 und So 11–21 Uhr.
- **Lucrezia-Markt** (www.lucrezia-markt.de): Kohlenmarkt und Haidplatz 31 sind die optimalen Kulissen für die vielen Stände mit hochwertigem Kunsthandwerk u. a. aus Glas, Stein, Metall und Holz. Für das rundum gelungene stimmungsvolle Ambiente trägt nicht zuletzt das Rahmenprogramm mit Theater, Musik und Zauberkünstlern bei.
- **Weihnachtskonzerte der Regensburger Domspatzen** (www.domspatzen.de): Die Spatzen begeistern jedes Jahr gleichermaßen Jung und Alt mit ihren stimmungsvollen Weihnachtsliedern aus aller Welt sowie besinnlichen Adventsmotetten alter und neuer Meister (s. S. 19).
- **Romantischer Weihnachtsmarkt auf Schloss Thurn und Taxis** 18 (www.vs-regensburg.de): Der Besuch des größten Regensburger Weihnachtsmarkts im weitläufigen Innenhof und einem Teil des Schlossgartens schlägt mit einem stattlichen Eintrittspreis zu Buche (Mo 4 €, Di–Fr 7 €, Sa/So 9,50 €).
- **Christkindlmarkt am Neupfarrplatz** (www.christkindlmarkt.de): Vorweihnachtliche Gaumenfreuden und eine heimelige Winteratmosphäre verspricht der große Christkindlmarkt rings um die Neupfarrkirche 21.

082rb Abb.: as©Britta und Ralph Hoppe - www.FooTToo.de

Regensburg – ein Porträt

Mit 155.000 Einwohnern ist Regensburg die viertgrößte Stadt in Bayern und Hauptstadt des Bezirks Oberpfalz. Die Metropole an der Donau ist zudem Bischofssitz der Diözese Regensburg und UNESCO-Welterbe. Mit drei Hochschulen ist die lebendige Studentenstadt ein herausragendes Bildungszentrum. Mit seinen römischen Wurzeln gehört Regensburg zu den ältesten Städten Deutschlands.

Denkmalschutz einst und heute

Wie durch ein Wunder ist die Altstadt während des Zweiten Weltkriegs von den alliierten Bomben – von vereinzelten Treffern aufgrund der Nähe des strategisch wichtigen Hauptbahnhofs abgesehen – verschont geblieben. Regensburg ist damit die einzige mittelalterliche Großstadt nördlich der Alpen, die mit ihrer über viele Jahrhunderte gewachsenen Bausubstanz fast vollständig erhalten ist. Keine andere Stadt dieser Größe kann sich eines derart **exzellent erhaltenen Bestands an romanischer und gotischer Architektur** rühmen. Das mächtige städtische Zentrum des mittelalterlichen Süddeutschland umfasste damals fast 20.000 Einwohner und vereinte in einmaliger Weise politische, wirtschaftliche und geistliche Repräsentationen. Heute zeugen **über 960 denkmalgeschützte Gebäude** von der Geschichte der Stadt.

Alle **Architekturstile Europas** sind auf engstem Raum vertreten. Dieses einmalige städtebauliche Ensemble würdigte die UNESCO 2006 mit der Vergabe des Welterbetitels.

Vorseite: Der Goldene Turm (24) *in der Wahlenstraße - stolzes Zeugnis der Regensburger Patrizier*

Panoramablick vom Turm der Dreieinigkeitskirche (26)

Man mag es kaum glauben, aber es hätte nach dem Krieg auch ganz anders kommen können. Heute leben in der Altstadt ungefähr 13.000 Einwohner, nach 1945 drängten sich in den gleichen Gebäuden 32.000 Menschen zusammen – Einheimische und ungezählte Flüchtlinge. Die hygienischen Verhältnisse waren haarsträubend, die Häuser waren runtergekommen und teilweise einsturzgefährdet – 1955 brach tatsächlich ein ganzes Treppenhaus zusammen. Erst das schreckte die Stadtväter auf, man begann sich ganz allmählich Gedanken über eine **Sanierung der Altstadt** zu machen. Doch zunächst hatten die „Modernisierer“ das Oberwasser, die bedenkenlos unersetzliche historische Bausubstanz gesichtslosen Neubauten opferten. So wurden 1957 für den sogenannten Pustetbau in der Gesandtenstraße sieben alte Häuser abgerissen. Eine weitere dominante Bausünde von 1968 ist das Gebäude des Kaufhauses Galeria am Neupfarrplatz (20). Für eine „autogerechte Stadt“ sollte die Abrissbirne entlang der Donau gar eine vierspurige Schneise brechen! Doch auch die „Bewahrer“ des Alten machten bis in die 1970er-Jahre Fehler, wie man heute offen zugibt. Sanierung bedeutete damals nur die Erhaltung der Fassade, während man das Gebäude entkernte, d. h. innen komplett abriss und neu baute, so z. B. bereits 1897/98 das Goliathhaus (40) in der gleichnamigen Straße.

Weniger einem Wunder als weitsichtigen Denkmalpflegern, Stadtoberen und Regensburger Bürgern ist es zu verdanken, dass die **Altstadt großenteils vorbildlich restauriert** ist. Nach einem halben Jahrhundert erfolgreicher Sanierungsbemühungen zeigt sich heute das historische Zentrum nicht als eine leblose Puppenstube, sondern quirlig und schöner als jemals zuvor. Mehr denn je gilt der Ausspruch des früheren Bundespräsidenten Theodor Heuss: „Ein Kleinod Deutschlands, ein Spiegelbild deutscher Kulturgeschichte“.

017rb Abb. fo©jo

Von den Anfängen bis zur Gegenwart

Vom römischen Legionslager am Limes und der ersten Hauptstadt Bayerns über die mittelalterliche Handelsmetropole von europäischem Rang und der Stadt des Immerwährenden Reichstags bis hin zur Boomtown und zum modernen Wissenschaftsstandort an der Donau – so könnte man in aller Kürze die wichtigsten Stationen der ereignisreichen, fast 2000-jährigen Geschichte Regensburgs skizzieren.

Ihren Namen (s. S. 114) verdankt die Stadt seit der römischen Antike der Regen, jenem Fluss, der nordöstlich von Stadtamhof in die Donau mündet . Die Geschicke der Stadt bestimmten über viele Jahrhunderte vor allem der Bischof, der bayerische Herzog bzw. Kurfürst und die selbstbewusste Bürgerschaft – ein kompliziertes Geflecht von unabhängigen und doch immer wieder sich gegenseitig bedingenden Herrschaften.

Chronik

Römische Zeit

um 80: Errichtung eines römischen Kastells im heutigen Stadtteil Kumpfmühl

179: Kaiser Marcus Aurelius lässt am nördlichsten Punkt der Donau ein befestigtes Römerlager für die 3. Italische Legion anlegen. Die erhaltene Steininschrift (s. S. 25) gilt quasi als Gründungsurkunde von *Castra Regina*.

um 242–358: Infolge der Alemanneneinfälle werden das Legionslager und die zugehörige Zivilsiedlung dreimal zerstört und wiederaufgebaut.

um 470: Die letzten römischen Soldaten verlassen Regensburg, das sich durch den Zuzug verschiedener germanischer Volksgruppen allmählich zu einer befestigten Stadt entwickelt.

Mittelalter

551: Erste Erwähnung der Bajuwaren (Bayern), die während der Völkerwanderung aus verschiedenen keltischen, germanischen und romanischen Volkselementen entstehen

um 600: Regensburg war von mehreren Pfalzen der wichtigste Sitz des bayerischen Herrschergeschlechts der Agilolfinger und damit erste bayerische Hauptstadt; der Ort der Residenz (Pfalz) liegt im Bereich des heutigen Alten Kornmarkts 9.

739: Der Missionsbischof Bonifatius richtet das Bistum Regensburg ein.

791: Erste urkundlich überlieferte Reichsversammlung in Regensburg unter Karl dem Großen, der im Lauf der Jahrhunderte noch etwa 60 weitere Reichstage folgen sollen

825–876: Ludwig der Deutsche, König der Bayern und später des Ostfränkischen Reichs, residiert dauerhaft in der neu erbauten Pfalz.

um 920: Herzog Arnulf von Bayern lässt die neu entstandene westliche Vorstadt, das Viertel der Kaufleute, ummauern.

KURZ & KNAPP

Freie Reichsstadt

Im Mittelalter bezeichnete man als **„Freie Stadt“** oder **„Freistadt“** (später auch **„Freie Reichsstadt“**) städtische Gemeinwesen, die sich im 13./14. Jh. von der bischöflichen Herrschaft befreien konnten. Zudem mussten sie dem Kaiser gegenüber weder Steuern zahlen noch Heeresfolge leisten und besaßen in der Regel auch die Gerichtshoheit. Regensburg wurde am 10. November 1245 frei, als Kaiser Friedrich II. den Bürgern das Privileg verlieh, „selbst Bürgermeister und Rat zu setzen“.

1135–1146: Errichtung der Steinernen Brücke 44 über die Donau, die praktisch alle Nord-Süd-verlaufenden Handelsströme in die Stadt lenkt

1245: Mit einem Privileg Kaiser Friedrichs II. (Fridericianum) für die Bürgerschaft steigt Regensburg zur Freien Reichsstadt auf.

1273: Nach einem Brand des romanischen Doms beginnt der Bau des heutigen gotischen Doms.

um 1280–1330: Die neu entstandenen westlichen und östlichen Vorstädte werden ummauert. Bis zum Ende des 18. Jh. (Anlegung der Fürst-Anselm-Allee) wird das Stadtgebiet nicht weiter vergrößert.

Ende 14. und 15. Jh.: Nach Jahrhunderten beispielloser Blüte folgt der langsame wirtschaftliche Niedergang der knapp 20.000 Einwohner zählenden Donaumetropole. Die Gründe liegen insbesondere in der traditionellen Vernachlässigung des Handwerks zugunsten der einseitigen Dominanz des Fernhandels, während sich zeitgleich die Haupthandelswege in Mittel- und Osteuropa verlagern.

1496: Das bayerische, von Regensburg unabhängige Stadtamhof wird selbstständige Stadt.

Neuzeit

1519: Mit einem großen Pogrom wird die ungefähr 500 Personen zählende jüdische Gemeinde für die wirtschaftliche Misere der Stadt verantwortlich gemacht und vertrieben (s. S. 41).

1541/42: Nach den Regensburger Religionsgesprächen wird in der Stadt der Protestantismus offiziell eingeführt, doch bleiben zahlreiche katholische Klöster und das Bistum bestehen.

Ab 1594: Die Reichstage finden nur noch in Regensburg statt – im Festsaal des Alten Rathauses 36, dem sog. Reichssaal.

1633: Während des Dreißigjährigen Krieges erobern die schwedischen Truppen Regensburg und verwüsten Stadtamhof.

KURZ & KNAPP

Regensburg in Zahlen

Gegründet: 179 n. Chr.
Einwohner: 155.000, davon 13.000 in der Altstadt
Studenten: 28.000
Gesamtfläche: 80,70 km²
Höhenlage (über NN): 337 m (Altes Rathaus)
Höchste Bauwerke: 140 m (Fernsehturm), 105 m (Türme des Doms)
Touristen/Jahr: 630.000, davon 165.000 aus dem Ausland
Religion: 58 % katholisch, 14 % evangelisch, 28 % sonstige oder keine
Welterbestätte: über 960 Baudenkmäler auf 1,83 km²
Öffentliche Parkanlagen: 24
Partnerstädte: 8

1663–1806: Regensburg ist Schauplatz des Immerwährenden Reichstags (s. S. 59). Die vielen internationalen Gesandtschaften bringen barocken Glanz in die gesellschaftlich und wirtschaftlich stagnierende Stadt, die nun zu einem Zentrum deutscher und europäischer Politik wird.

1748: Die Fürsten von Thurn und Taxis kommen als Prinzipalkommissare (Vertreter des Kaisers des Hl. Römischen Reiches) aus Frankfurt zum Immerwährenden Reichstag nach Regensburg.

1802/03: Die Freie Reichsstadt verliert ihre Selbstständigkeit und wird unter Karl Theodor von Dalberg (s. S. 60) zum Fürstentum Regensburg.

1806: Mit der Auflösung des Immerwährenden Reichstags findet in Regensburg das Heilige Römische Reich Deutscher Nation sein Ende.

1810: Fürstprimas Karl Theodor von Dalberg (s. S. 60) übergibt das Fürstentum Regensburg an das Königreich Bayern. Das Amt des Fürstprimas wurde auf

Veranlassung Napoleon Bonapartes eingerichtet und bestand lediglich zwischen 1806 und 1813. Der Fürstprimas war der Vorsitzende der Fürsten des Rheinbundes.

1859: Regensburg wird an das Eisenbahnnetz angeschlossen.

1872: Der gotische Dom 1 wird nach 600 Jahren Bauzeit vollendet.

Jüngere Geschichte

1924: Stadtamhof jenseits der Donau wird eingemeindet.

1936: Gründung des Messerschmitt-Flugzeugwerks im Stadtteil Prüfening

1939–1945: Während des Zweiten Weltkriegs werden der Donauhafen, der Bahnhof und das Messerschmitt-Flugzeugwerk zerstört, dagegen bleibt die Altstadt von Bombardierungen weitgehend verschont.

1967: Eröffnung der Universität

1973: Das historische Zentrum Regensburgs wird unter Denkmalschutz gestellt.

1992: Mit der Einweihung des Rhein-Main-Donau-Kanals nimmt der Bayernhafen Regensburg durch seine zentrale Lage zwischen Südost- und Westeuropa einen beträchtlichen Aufschwung.

2006: Die UNESCO nimmt die Altstadt Regensburgs einschließlich Stadtamhof in die Liste des Welterbes auf.

2013: Am Donaumarkt werden großflächige archäologische Ausgrabungen durchgeführt.

2014: Unter dem Motto „Mit Christus Brücken bauen" findet der 99. Deutsche Katholikentag statt. Ein weiteres überregionales Großereignis ist die Landesausstellung „Ludwig der Bayer. Wir sind Kaiser!".

2015: Am südlichen Stadtrand wird das neue Fußballstadion Continental Arena eröffnet.

2017: Im neu errichteten Marina Quartier wird das Tagungs- und Kongresszentrum „marinaForum Regensburg" eingeweiht.

2019: Am Donauufer wird anlässlich des Jubiläums „100 Jahre Freistaat Bayern" das Museum der Bayerischen Geschichte 43 eröffnet, am Brixener Hof die Neue Synagoge 14.

Regensburgs zahlreiche Namen

Regensburg hatte im Lauf der Geschichte mehrere Namen, die meist alle auf die Lage der Stadt an der Donau gegenüber der Mündung des Flusses Regen Bezug genommen haben. In römischer Zeit bezeichnete man das Militärlager mit ***„Castra"****,* ***„Legio"*** *oder auch* ***„Reginum"*** *und* ***„Regino"*** *– alle Namen tauchen in unterschiedlichen Quellen, insbesondere Inschriften, auf. Ein römisches Verwaltungsbuch aus dem 5. Jh. erwähnt erstmals* ***„Castra Regina"****: gemeint ist sinngemäß das befestigte Lager bzw. die Burg an der Regenmündung und damit der heutige noch gültige Name.*

Für das 8./9. Jh., die Zeit der Karolinger, ist auch ***„Reganesburg"*** *überliefert, ebenso* ***„Regina civitatis"*** *oder* ***„Urbs regia"*** *– königliche Stadt. Rätselhaft ist der keltisch klingende Name* ***„Radaspona"****, dessen Erklärung immer noch Stoff für Diskussionen bietet. Ob er tatsächlich aus vorrömischer Zeit herrührt, sei dahingestellt, jedenfalls leitet sich von ihm die Stadtbezeichnung in etlichen romanischen und slawischen Sprachen ab: französisch nennt sich Regensburg „Ratisbonne", spanisch „Ratisbona", polnisch „Ratyzbona" – um nur ein paar Beispiele zu nennen.*

019rb Abb.: jb

„Stat am Hoff bey Regensburg“ (s. S. 69) gehörte bis 1810 zu Bayern und nicht zur Freien Reichsstadt Regensburg

Leben in der Stadt

„Regensburg ist alt und neu zugleich“, meinte schon der Mönch Otloh von St. Emmeram 17 im 11. Jh. Das Zitat könnte genauso gut aus heutiger Zeit stammen, denn die Stadt erlebt seit gut vier Jahrzehnten die zweite große wirtschaftliche Blütezeit nach dem Mittelalter. Dies schlägt sich u. a. in Bevölkerungswachstum, der Neuansiedlung zukunftsorientierter Industriebetriebe, steigenden Einkommen, vielen Neuinvestitionen im sozialen Bereich und insgesamt einer hohen Lebens- und Freizeitqualität nieder. Beeindruckend ist auch das vielfältige Kulturangebot, das manche Großstädte neidisch auf Regensburg blicken lässt.

Von der „Sleeping Beauty“ zur bayerischen Boomtown

Um zu verstehen, welchen **Quantensprung** Regensburg mit seiner wunderschönen Altstadt nach dem Zweiten Weltkrieg genommen hat, muss man sich kurz die jüngste Geschichte vergegenwärtigen: Während sich nahegelegene Städte wie München, Augsburg oder Nürnberg im 19. Jh. zu begehrten Standorten der Metall- und Großindustrie etablierten, siedelten sich in der Donaustadt nur einige kleine und mittlere Betriebe an, die Bleistifte, Tabak, Bücher, Zucker und Ziegel produzierten. Seit 1810 schlummerte Regensburg generationenlang in einem **Dornröschenschlaf**, der nur durch das Intermezzo der Messerschmitt-Flugzeugwerke während der NS-Zeit kurz unterbrochen wurde.

Den Beginn des zunächst langsamen, dann aber immer rasanteren Aufschwungs machte 1948 Siemens mit 17 Mitarbeitern, die elektrische

Geräte wie Steckdosen und Schalter herstellten. Der Aufstieg zum **modernen Wirtschafts- und Wissenschaftsstandort** kam dann sukzessive mit weiteren innovativen Sparten wie Autoelektronik, Bio- und Informationstechnologie, Chips für Leuchtdioden, optoelektronischen Halbleitern und ab 1967 mit der Gründung der **Universität.** 1984 erfolgte die Grundsteinlegung des BMW-Werks, in dem heute jeden Tag mehr als 1000 Fahrzeuge gefertigt werden. Schließlich der Fall des „Eisernen Vorhangs": Mit einem Schlag lag Regensburg nicht nur geografisch, sondern auch **wirtschaftlich und verkehrstechnisch wieder im Zentrum Europas** und konnte – wie Jahrhunderte zuvor – wieder alte Handelskontakte nach Osten, etwa Tschechien oder den Balkan, aufnehmen. Als Drehscheibe zwischen West und Ost werden seit der Wende im Bayernhafen Regensburg über den Rhein-Main-Donau-Kanal ungeahnte Mengen umgeschlagen.

Doch gibt es auch den einen oder anderen **Wermutstropfen:** Seit die Steinerne Brücke (44) vor Jahren aus denkmalpflegerischen Gründen für Motorfahrzeuge gesperrt wurde, ist Stadtamhof von der Altstadt her nur noch für Radfahrer und Fußgänger zugänglich. Autofahrer müssen dagegen einen großen Bogen nehmen und gelangen nur von Norden über die Oberpfalz- oder Protzenweiherbrücke in das Viertel. In Abstimmung mit dem Welterbekomitee gibt es verschiedene Vorschläge für eine neue Donaubrücke, jedoch noch keine konkreten Pläne.

Negativ fällt Regensburg in der **Kriminalitätsstatistik** auf. Unter allen größeren Städten in Bayern gibt es hier im Verhältnis zur Einwohnerschaft die meisten Delikte. Aufgrund der Nähe zur tschechischen Grenze machen sich Drogenschmuggel und

Regensburg ist dank des Alleen- und Parkgürtels eine sehr grüne Stadt

-handel verstärkt bemerkbar, ebenso kleinere Vergehen wie Schlägereien und Vandalismus nach nächtlichen Kneipentouren.

Nichtsdestotrotz können die Stadtväter stolz auf eine niedrige Arbeitslosigkeit, eine hohe Arbeitsplatzdichte und ein stattliches Bruttoinlandsprodukt blicken – Letzteres liegt deutlich über dem Münchens. Als **Hightech-Standort** rangiert Regensburg unter den Top Fünf der zukunftsträchtigsten Wirtschaftsregionen Deutschlands. Diese Erfolgsstory kann man auch allerorten als Tourist in der Altstadt sehen. Beim Schlendern durch die Gassen fällt schnell auf, dass es in den Gebäuden so gut wie keinen Leerstand gibt, dicht an dicht drängen sich Restaurants, Cafés, Läden und Kneipen. Ganzjährig lockt die Stadt mit einer **breiten Palette kultureller Veranstaltungen** auf einem der zahlreichen Plätze oder Innenhöfe. Fast immer ist irgendwo etwas los in der „nördlichsten Stadt Italiens“, wie Regensburg gerne wegen des unvergleichlichen **südländischen Flairs** genannt wird. Trotz ausgeglichener Bilanzen und Hightech identifizieren sich die Bewohner – Alteingesessene wie Zugezogene – mit ihrer Altstadt, wie beispielsweise jedes Jahr die Besucherzahlen des **UNESCO-Welterbetages** (s. S. 107) eindrücklich bezeugen. Die Regensburger kommen gerne in ihr historisches Zentrum: zum Bummeln, Einkaufen oder nur mal für einen Kaffee. Und alle freuten sich, als zur Feier des 100-jährigen Bestehens des Freistaats Bayern 2019 am Donaumarkt das **Museum der Bayerischen Geschichte** 43 eingeweiht wurde, eine Kulturstätte, mit der sich Regensburg hinsichtlich Konzept und Standort gegen rund 25 Konkurrenten durchgesetzt hat.

020rb Abb.: jb

Die deutsche „Glückshauptstadt“

Sie bietet ein abwechslungsreiches Kulturangebot, viele Sportmöglichkeiten, zahlreiche Parks und vier Naturschutzgebiete im Umkreis des historischen Zentrums sowie am Stadtrand; dazu eine befriedigende Wohnungssituation sowie zahllose Geschäfte, Cafés, Restaurants und Kneipen. Eine Übertreibung?

Mitnichten, repräsentative Umfragen zeigen es immer wieder: Regensburg rangiert unter den attraktivsten und lebenswertesten Großstädten ganz oben. So ermittelte 2011 der Fernsehsender VOX zusammen mit dem Städteportal meinestadt.de und 2013 das Meinungsforschungsinstitut Infratest dimap im Auftrag der ARD die Zufriedenheit in deut-

Der Rosengarten im Stadtpark ist ein Idyll

schen Großstädten und 96 Regionen. Kriterien waren Freizeit, Arbeit, Wohnen sowie **Zukunftsperspektiven und Glücksgefühl** der Bewohner. Das Ergebnis war – zumindest für Insider – nicht überraschend: Die bayerischen Regionen liegen deutlich über dem Mittelwert des bundesweiten Zufriedenheitsindex', **Regensburg selbst lag an der Spitze** und hat dabei deutlich größere Städte wie München, Köln, Berlin oder Hamburg weit hinter sich gelassen. Willkommen also im oberpfälzischen *Rengschburg*, der deutschen Hauptstadt des Glücks!

Das Museum der Bayerischen Geschichte

Seit Sommer 2019 glänzt Regensburg mit einem weiteren Highlight in der ohnehin schon vielseitigen Museumslandschaft: Anlässlich des Jubiläums „100 Jahre Freistaat Bayern" wurde das **Museum der Bayerischen Geschichte** 43 eingeweiht.

Die Idee der Museumsgründung geht auf das Jahr 2008 zurück, drei Jahre später setzte sich Regensburg klar gegen 25 andere bayerische Städte als zukünftiger Standort durch.

Wichtige Entscheidungskriterien der verantwortlichen Kommission wurden allesamt erfüllt, etwa ein symbolträchtiger Ort, eine Mindestgröße des Geländes von 10.000 m², eine gute Erreichbarkeit auch mit öffentlichen Verkehrsmitteln sowie die **repräsentative Einbettung in ein städtebaulich gewachsenes Umfeld.** Die Donaustadt war geradezu prädestiniert für das Projekt: Als älteste Hauptstadt des Herzogtums Bayern, Freie Reichs- und internationale Handelsstadt sowie seit dem 20. Jh. auch moderne Industrie- und Universitätsstadt spiegelt sie Bayern in seiner Vielgestaltigkeit optimal wider.

Konzeption und Ausführung des Gebäudes, das von der UNESCO befürwortet wurde, gehen auf das Architekturbüro Wörner Traxler Richter aus Frankfurt am Main zurück und damit auch das 80 m² große, der Altstadt zugewandte **Fenster**, das einen imposanten Blick auf den Regensburger Dom 1 gewährt.

Mit dem Bau des neuen, rund 95 Mio. Euro teuren Museums konnte nun auch eine hässliche, seit dem Zweiten Weltkrieg am Donauufer klaffende Baulücke geschlossen werden.

Rund ein Drittel der Ausstellungsobjekte sind **private Schenkungen:** Bereits lange vor der Museumseröffnung rief man die Bevölkerung auf, aussagekräftige Artefakte zur bayerischen Geschichte und Kultur zu spenden.

Bei aller Freude gab es nach der Eröffnung doch auch Kritik, nicht nur vom Münchner **Aktionskünster Wolfram Kastner:** Dieser bemängelte in einem Interview, dass die Geschichtsschreibung ganz im Sinne der CSU geschehe, quasi eine direkte Linie von der Monarchie zu dieser Partei führe. Zentrale Themen wie Industrialisierung und Demokratie kämen zu kurz, zu klischeehaft sei die Ausstellung, z. B. beim Fußball mit einseitigem Fokus auf den FC Bayern. Der Rundgang beginne im Foyer mit einem kastrierten Oktoberfest-Löwen sowie in der Dauerausstellung mit „schlecht gemalten Wittelsbacherschinken" und ende beim Faschingskostüm von Markus Söder, präsentiert wie ein „heiliger Rock". Am besten, man bildet sich selbst ein Urteil.

057rb Abb.: jb

An- und Rückreise

Mit dem Zug

Regensburg ist ein **Verkehrsknotenpunkt** und mit dem Zug aus allen Richtungen schnell erreichbar. Der ICE benötigt von Berlin 6 bis 7 Stunden, von Köln 5, von Zürich 7 und von Wien knapp 4 Stunden.

Der **Hauptbahnhof** liegt unmittelbar südlich der Altstadt und ist rund 800 m vom Dom ❶ im Zentrum entfernt. Er ist der wichtigste Verkehrsknotenpunkt des RVV (Regensburger Verkehrsverbund), von dem aus zahlreiche Buslinien das historische Zentrum passieren.

•100 [F7] **Hauptbahnhof Regensburg,** Bahnhofstr. 18, Tel. 01806 996633

Mit dem Bus

Regensburg wird von einigen Fernbuslinien angefahren. Eine **Übersicht** und einen **Preisvergleich** aller gängigen Buslinien bieten u. a.:

- www.busfinder.de
- www.busliniensuche.de

Mit dem Flugzeug

Die Flughäfen von Nürnberg und München liegen Regensburg am nächsten. Vom **Flughafen Nürnberg** (www.airport-nuernberg.de) nach Regensburg (110 km) führt die A3. ICE-Anschluss hat man vom Nürnberger Hauptbahnhof, der vom Flughafen mit der U2 erreichbar ist.

Vom **Flughafen München** (www.munich-airport.de) nach Regensburg (120 km) führt die A93/A9. Die S1 und die S8 verbinden den Flughafen mit dem Münchner Hauptbahnhof, von dem in kurzen Abständen Regional- und ICE-Züge nach Regensburg fahren. Alternativ gibt es einen direkten **Flughafentransfer** zwischen Regensburg und dem Münchener Flughafen:

- **Airportliner,** www.airportliner.com, Tel. 0941 22220, Fahrtdauer ca. 90 Min.

◁ Vorseite: Kurioses Detail an der Fassade in der Vorhalle des Domes ❶

Autofahren

Die dichtgedrängten Sehenswürdigkeiten der Altstadt erkundet man am besten zu Fuß, alternativ auch mit den öffentlichen Verkehrsmitteln des RVV. Wer mit dem eigenen Auto anreist, sollte deshalb den Wagen beim Hotel oder in einem der zahlreichen – gebührenpflichtigen oder kostenfreien – **Parkhäuser bzw. Parkplätze** abstellen.

Nach der Abfahrt von einer der Autobahnen oder Bundesstraßen in Richtung Altstadt weisen gut erkennbare Schilder des **Parkleitsystems** den Weg zur nächsten freien Parkmöglichkeit. Bei vielen Tiefgaragen und Parkhäusern gilt das **Parkticket als Busticket** für die Innenstadtzone.

Kostenfreie Parkmöglichkeiten bieten im Norden der **Dultplatz** (westlich von Stadtamhof, tgl. 24 Std., außer bei Veranstaltungen. z. B. Dult oder Märkten) und im Nordosten der Innenstadt der **Parkplatz am Unteren Wöhrd** (tgl. 24 Std., ehemaliges Eisstadion, unweit der Nibelungenbrücke). Mit dem Bus dauert die Fahrt in die Altstadt von beiden Stellplätzen aus nur etwa 5 Min., das Ticket gibt es beim Busfahrer.

Aktuelle Infos zu **allen 15 Parkhäusern und -plätzen** in Regensburg mit Öffnungszeiten und Preisen unter:

› www.einkaufen-regensburg.de/service/parken-amp-anfahrt

P101 [cg] **Parkhaus Arcaden,** Friedenstr. 23, 1500 Stellplätze, täglich 24 Std., Tagesticket: 3,50 €

P102 [G7] **Parkhaus Castra-Regina-Center,** Bahnhofstr. 24, 418 Stellplätze, täglich 24 Std., 24-Std.-Ticket: 11 €

P103 [G7] **Parkhaus Dachauplatz,** 715 Stellplätze, geöffnet: tgl. 24 Std., Tagesticket: 11 €

P104 [F6] **Parkhaus Petersweg,** St.-Peters-Weg 15, 560 Stellplätze, tgl. 24 Std., Tagesticket: 11 €

P105 [C4] **Tiefgarage Am Theater,** Bismarckplatz, 400 Stellplätze, geöffnet: tgl. 24 Std., Tagesticket: 11 €

Barrierefreies Reisen

Die Altstadt ist größtenteils verkehrsberuhigt, dennoch stellt das **Kopfsteinpflaster** für Rollstuhlfahrer und Menschen mit Gehbehinderung eine Herausforderung dar. Zahlreiche Geschäfte, Cafés und Restaurants befinden sich in historischen Gebäuden mit schmalen Außentüren und teilweise auch Stufen im Inneren.

Bei der Touristinfo kann man den **Stadtplan „Regensburg auf einen Blick“** erhalten. Dort sind die wichtigsten Parkplätze, Museen, Kirchen und Sehenswürdigkeiten mit Hinweisen bezüglich der vollen oder eingeschränkten Barrierefreiheit auflistet.

Sehr viel umfangreicher und mit Angaben zu allen barrierefreien Sehenswürdigkeiten, öffentlichen Toiletten, Hotels, Restaurants und Lokalen sowie mit vielen weiteren Tipps ist die 78-seitige, bei der Touristinfo erhältliche Broschüre „Barrierefrei durch Regensburg“ (auch als PDF-Datei):

› www.regensburg.de (Suchfenster rechts, „barrierefrei“)

Die Tourist Information bietet auch barrierefreie **Stadtführungen für gehörlose und hörgeschädigte Gäste** in der Deutschen Gebärdensprache (DGS) an; Dauer: 1,5–2 Std., max. 15 Teilnehmer.

Geldfragen

Im Vergleich etwa zu Frankfurt oder München ist ein **Besuch von Regensburg preiswert.** Die Kosten für Hotels und Restaurants liegen unter dem großstädtischen Durchschnitt, viele Lokale, Cafés, Pubs und Kneipen in der Altstadt orientieren sich bei den Getränkepreisen und Snacks an den Möglichkeiten ihrer großteils **studentischen Klientel.** Für einen erlebnis- und abwechslungsreichen Aufenthalt in der Donaustadt sollte man mit annähernd 100–120 € pro Person und Tag kalkulieren, darin enthalten sind etwa 40–50 € für eine Übernachtung im Doppelzimmer, rund 30–40 € für Gastronomie und pauschal 20 € für Eintrittsgelder.

Informationsquellen

Infostellen in der Stadt

i106 [E4] **Tourist Information,** Altes Rathaus, www.regensburg.de/tourismus, Tel. 0941 5074410, geöffnet: Mo–Fr 10–18, Sa/So und feiertags 10–16, Nov.–März So und feiertags nur bis 14.30 Uhr. Bei vielen Fragen, auch zur Zimmervermittlung, ist die Tourist Information die beste Informationsquelle Der Betreiber, die Tourismus Regensburg GmbH, hält eine Vielzahl von Prospekten und Stadtplänen bereit, vermittelt Pauschalarrangements und Stadtführungen, bietet Tickets für Veranstaltun-

Regensburg preiswert

- **Regensburg CARD:** Viel Geld lässt sich mit der Regensburg CARD sparen, die es wahlweise in vier Varianten gibt: Als Einzelkarte für 24 oder 48 Stunden (9 bzw. 17 €) und als Familienkarte (Erwachsene und bis zu 3 Kinder bis 14 J.) für 24 oder 48 Stunden (20 bzw. 35 €). Die Karte umfasst das Fahren mit Bus und Bahn durch die Altstadt und in die angrenzenden Gebieten sowie Ermäßigungen bei über 30 Partnern; sie gilt ab dem auf der Rückseite angegebenen Zeitpunkt. Verkauf über die Tourist Information im Alten Rathaus (s. S. 121), beim infoPoint im Besucherzentrum (s. rechts) und unter www.stadtmarketing-regensburg.de/fileadmin/user_upload/Projekte/Infobroschuere_rgb_card.pdf.
- **Freier Eintritt:** Kostenlosen Kulturgenuss bietet das Besucherzentrum im Salzstadel 41 oder das document Legionslagermauer (s. S. 25) beim Dachauplatz. Kostenlose Open Air-Veranstaltungen sind das Jahninselfest, das Regensburger Bürgerfest oder das Spectaculum.
- **Gastronomie:** Wer beim Essen wenig Geld ausgeben möchte, sollte nach günstigen Mittagsmenüs Ausschau halten, wie sie von etlichen Restaurants angeboten werden. Drinks genießen und trotzdem weniger bezahlen kann man während der Happy Hour in zahlreichen Bars.
- **Unterkunft:** Viel Geld lässt sich natürlich auch bei der Unterkunft in einem Hostel oder einer Jugendherberge sparen.

gen an, hilft bei Hotelreservierungen und sonstigen Anfragen.

ⓘ 107 [F3] **infoPoint,** Besucherzentrum Welterbe Regensburg im Salzstadel, Weiße-Lamm-Gasse 1, Tel. 0941 5074410, geöffnet: tgl. 10–19 Uhr

Regensburg im Internet

- **www.regensburg.de:** Der offizielle Internetauftritt der Stadt Regensburg wartet auf mit allen wichtigen Informationen zu Politik und Wirtschaft, Kultur und Museen, Tourismus und Veranstaltungen.
- **https://tourismus.regensburg.de:** allerlei Wissenswertes zu Sehenswürdigkeiten, Gastronomie, Veranstaltungen, Hotels, Shopping, Sport und vielem mehr
- **www.bistumsmuseen-regensburg.de:** gelungene Präsentation der drei Museen St. Ulrich 4, Obermünster (s. S. 88) und Domschatz 2
- **www.uni-regensburg.de** und **www.oth-regensburg.de:** die informativen Websites der Universität Regensburg und der Ostbayerischen Technischen Hochschule Regensburg
- **www.landkreis-regensburg.de:** Die Seite wartet neben Interessantem zur Kreispolitik, Wirtschaft und Energie mit Freizeit- und Tourismustipps auf.
- **www.kult.de:** Website vom Mittelbayerischen Verlag mit etlichen Tipps und Informationen zu Musik, Kultur und Gesellschaft

Zeitungen und Magazine

- **Bei uns:** Das Magazin der Stadt Regensburg u. a. mit Reportagen zu Geschichte, Kunst, Denkmalpflege, Gesellschaft und Partnerstädten erscheint 6-mal im Jahr, (www.regensburg.de/aktuelles/bei-uns).
- **Kulturjournal:** Die monatlich erscheinende, anzeigenfinanzierte Zeitschrift

deckt das kulturelle Spektrum von Küche bis Musik sowie Ausstellungen bis Veranstaltungen ab, www.kulturjournal.de.

- **Mittelbayerische:** Mit über 110.000 Exemplaren ist die Mittelbayerische die auflagenstärkste regionale Tageszeitung mit mehreren lokalen Ausgaben, viele Infos zur Umgebung Regensburgs, www.mittelbayerische.de.

Internet

Die meisten Hotels und einige Lokale bieten **kostenloses WLAN** für ihre Gäste an.

In der Regensburger Altstadt gibt es an mehreren öffentlichen Orten kostenlosen WLAN-Zugang, etwa bei der **Touristinfo** (s. S. 121), auf dem **Kohlenmarkt** [E3], **Neupfarrplatz** [F4] und **Haidplatz** [E4]. Nähere Infos finden sich unter www.wlan-bayern.de.

Medizinische Versorgung

⊕108 **Universitätsklinikum,** Franz-Josef-Strauß-Allee 11, www.uniklinikum-regensburg.de, Tel. 9440

⊕109 [ch] **Medizinische Einrichtungen des Bezirks Oberpfalz (medbo),** Universitätsstr. 84, Tel. 9410, www.medbo.de

⊕110 [cg] **Arcaden Apotheke,** Friedenstr. 23, in den Regensburg Arcaden beim Hauptbahnhof, Tel. 5862430, www.arcaden-apotheke-regensburg.de, geöffnet: Mo–Sa 8–20 Uhr

⊕111 [F4] **Dom Apotheke,** Am Frauenbergl 2, Tel. 53577, www.domapotheke-regensburg.de, geöffnet: Mo–Fr 8.30–18.30, Sa 9–18 Uhr

- **Apothekennotdienst:** www.aponet.de und Tel. 0800 0022833

Meine Literaturtipps

- *Rolf Peter Sloet, **Regensburg im Fadenkreuz – Kriminalgeschichten aus der Domstadt,** Regenstauf 2016, MZ Buchverlag. Die Altstadt Regensburgs mit ihrem Donauufer, historischen Bauwerken, Restauranttoiletten, Parks, Cafés sowie den vielen verwinkelten Gassen und kleinen Hinterhöfen ist die perfekte Kulisse für neunzehn Kurzkrimis.*
- *Peter Brielmaier/Uwe Moosburger, **Regensburg – Metropole im Mittelalter,** Regensburg 2007, Pustet Verlag. Nur äußerst selten wurde Regensburg als geistiges, politisches, wirtschaftliches und künstlerisches Zentrum des Mittelalters so anschaulich und gut lesbar dargestellt. Die Fotos, Grafiken, Übersichten, Exkurse und Zeittafeln locken immer wieder zum Schmökern – das Regensburger Lieblingsbuch des Autors.*
- *Bernadette Schöller, **Regensburg ganz nah,** Regensburg 2011, Pustet Verlag. Der handliche Bildband lädt ein, sowohl berühmte als auch weniger bekannte Kunstschätze und Bauwerke des historischen Zentrums einmal aus einer neuen Perspektive – mit viel Liebe zum Detail – zu betrachten (antiquarisch).*
- *Friedrich Fuchs, **Der Dom St. Peter in Regensburg,** Regensburg 2010, Schnell & Steiner Verlag. Dieser großformatige Band stellt das gotische Wunderwerk an der Donau mit 274 exzellenten Abbildungen und einem fundierten, sehr gut lesbaren Text mustergültig vor (antiquarisch).*

Mit Kindern unterwegs

Für Kinder und Jugendliche offeriert Regensburg eine Fülle interessanter und abwechslungsreicher Möglichkeiten, mit denen Familien spielend ein langes Wochenende in der Stadt und der näheren Umgebung verbringen können.

Theater

112 [B4] **Regensburger Figurentheater im Stadtpark,** Dr.-Johann-Maier-Str. 3, Tel. 28328, www.regensburgerfigurentheater.de, Eintritt: Abendprogramm für Erwachsene 23 €, Familien- und Kinderprogramm 10 €, gegebenfalls Sommerpause. Eine echte Institution in der Stadt, die mittlerweile auf eine 100-jährige Erfolgsgeschichte zurückblicken kann. Im stets wechselnden Programm sind für Kinder (meist 4–11 Jahre) Klassiker wie „Die Bremer Stadtmusikanten" oder „Der kleine Wassermann", für Erwachsene u. a. „Der kleine Prinz" oder „Der Hauptmann von Köpenick".

113 [E4] **Theater Larifari,** Saison ist Mitte September bis Ende Mai, die halbstündigen Vorstellungen finden jeden Sonntag um 15, 16 und 17 Uhr im Haus der Begegnung (großer Vortragsraum), Hinter der Grieb 8, statt. Info unter Tel. 46170793, Eintritt: 4 €, keine Kartenvorbestellung, Kasse öffnet 15 Min. vor Beginn, http://theater-larifari.de. In dem Kasperletheater geht es lustig und oft auch laut zu. Die Kinder bis zum Vorschulalter sind aufgefordert, den Kasperl aktiv gegen alle mögliche Unbill zu warnen und zu beschützen.

LITERATURTIPP

Für neugierige Kinder

Andrea Steinbach, **Regensburg mit Kindern entdecken,** Regenstauf 2016, MZ Buchverlag. Eine informative Sammlung von Tipps für Kinder: kurzweilige Museen, kinder- und jugendfreundliche Führungen, spannende Aktivitäten bei jedem Wetter und vieles mehr – getestet von Schülern des Regensburger Goethe-Gymnasiums. Alle Autorenhonorare dieses Buches kommen dem VKKK (Verein zur Förderung krebskranker und köperbehinderter Kinder) zugute.

Museen und Stadtführungen

- Spaß, Unterhaltung und Lehrreiches verbinden die pädagogisch konzipierten Stadtführungen, die die **Stadtmaus** (s. S. 127) und die **Tourist Information** (s. S. 121) anbieten.
- Die Regensburger Bistumsmuseen veranstalten unter dem Motto **„Museum für Kinder"** kindergerechte Führungen durch den Dom, ihre Museen, die Kirchen und die Altstadt, z. B. „Von Engerln ohne Flügel und schiefen Perlen" zur Kunst des Barocks. Infos/Anmeldung bei der KEB-Elternschule Regensburg unter Tel. 5972253, www.bistumsmuseen-regensburg.de.
- Sehr reichhaltig ist auch das Angebot für kleine Besucher des **Naturkundemuseums Ostbayern** 49: An Sonntagen – während der Schulferien auch werktags – finden am Nachmittag kinderorientierte Führungen mit Namen wie „Der kleine Igel und andere Waldtiere" und „Meister Biber auf der Spur" statt. Weiterhin werden auch praktische Kurse wie „Fossilien präparieren" und „Speckstein bearbeiten" angeboten. Von Frühling bis Herbst sind auch Erlebnisführungen im Herzogspark im Programm. Für manche Führungen bzw. Kurse gibt es spezielle Familienpreise. Da die Teilnehmerzahl begrenzt ist, empfiehlt sich eine Anmeldung ein paar Tage im Voraus.

Notfälle

Zentrale Polizeidienststellen

114 [E1] **Polizeiinspektion Regensburg Nord,** Am Protzenweiher 19, Tel. 5062221, www.polizei.bayern.de

115 [H5] **Polizeiinspektion Regensburg Süd,** Minoritenweg 1, Tel. 5062001

Fundbüro

Für in der Stadt einschließlich der öffentlichen Verkehrsmittel des RVV verloren gegangene Gegenstände ist folgende Stelle zuständig:

- 116 [G5] **Fundamt,** Neues Rathaus, Minoritenweg 4, www.regensburg.de, Tel. 5075880, geöffnet: Mo–Mi 8–12 und 12.30–16, Do 8–13 und 13.30–17.30, Fr 8–12 Uhr

Kartensperrung

Bei **Verlust der Debit-/Giro-, Kredit- oder SIM-Karte** gibt es für Kartensperrungen eine **deutsche Zentralnummer** (unbedingt vor der Reise klären, ob die eigene Bank bzw. der jeweilige Mobilfunkanbieter diesem Notrufsystem angeschlossen ist). **Aber Achtung:** Mit der telefonischen Sperrung sind die Bezahlkarten zwar für die Bezahlung/Geldabhebung mit der PIN gesperrt, nicht jedoch für das **Lastschriftverfahren mit Unterschrift.** Man sollte daher auf jeden Fall den Verlust zusätzlich **bei der Polizei zur Anzeige bringen,** um gegebenenfalls auftretende Ansprüche zurückweisen zu können.

In **Österreich** und der **Schweiz** gibt es keine zentrale Sperrnummer, daher sollten sich Besitzer von in diesen Ländern ausgestellten Debit- oder Kreditkarten vor der Abreise bei ihrem Kreditinstitut über den zuständigen Sperrnotruf informieren.

Generell sollte man sich immer die **wichtigsten Daten** wie Kartennummer und Ausstellungsdatum **separat notieren,** da diese unter Umständen abgefragt werden.

› **Deutscher Sperrnotruf:** Tel. +49 116116 oder Tel. +49 3040504050

› **Weitere Infos:** www.kartensicherheit.de, www.sperr-notruf.de

EXTRAINFO – Notrufnummern

› Feuerwehr und Rettungsdienst: 112

› Polizei: 110

› Zahnärztlicher Notdienst: 9440

› Notaufnahme: 9442310

› Ärztlicher Bereitschaftsdienst (24 Std.): 116117

Post

Im Zentrum bieten folgende Filialen Dienstleistungen der Deutschen Post und Postbank an:

117 [F7] **Postfiliale (1),** Bahnhofstr. 16, geöffnet: Mo–Fr 9–18.30, Sa 9–12.30 Uhr

118 [F4] **Postfiliale (2),** bei Lotto-Tabak Graf, Neupfarrplatz 8, geöffnet: Mo–Sa 9–19.30 Uhr

Radfahren

Regensburg ist fahrradfreundlich, wie das **dichte Netz an Radwegen** in der Stadt zeigt. In der teils verkehrsberuhigten Altstadt gibt es auch für Biker Einschränkungen. Im Buchhandel und in Fahrradgeschäften ist ein **Fahrrad-Stadtplan** mit den schönsten und kürzesten Strecken erhältlich.

Donauradweg: Sehr beliebt bei Radlern ist der gut ausgeschilderte

Donauradweg, der durch acht Länder führt, von Donaueschingen in Deutschland bis zur Mündung ins Schwarze Meer in Rumänien. Große Streckenabschnitte verlaufen unmittelbar am Ufer, die Donau muss mehrmals überquert werden.

In der **Altstadt** verläuft die Strecke flussabwärts entlang der Holzländestraße, Keplerstraße, Fischmarkt, Goldene-Bären-Straße und Thundorferstraße, dann über die Donau mittels der Eisernen Brücke und des Grieser Stegs durch die Andreasstraße in Stadtamhof.

› **Fahrt flussabwärts zur Walhalla bei Donaustauf (13 km):** Von Stadtamhof über die Protzenweiherbrücke, dann beim bunten Haus rechts in die Frankenstraße. Nach Überquerung der Regen mittels der Frankenbrücke entlang der Frankenstraße, durch die Stadtteile Weichs und Schwabelweis über Tegernheim nach Donaustauf.

› **Fahrt flussaufwärts nach Kelheim (37 km):** Von der Holzländestraße in der Altstadt immer direkt entlang der Donau über Großprüfening, Pentling, Matting nach Bad Abbach. Dort Überquerung der Donau, ein weiteres Mal bei Poikam. Weiter auf der Südseite des Flusses über Alkofen, Saal an der Donau und Affecking nach Kelheim 56.

Der populäre Donauradweg führt durch das Zentrum der fahrradfreundlichen Stadt

Fahrräder kann man im Bikehaus mieten:

•119 [F7] **Bikehaus,** Bahnhofstr. 18, direkt am Hbf, Tel. 5998808, Hotline 0177 4608460, www.bikeambulanz.com, geöffnet: Mo–Sa 10–19 Uhr, Zum Service gehören moderne Fahrräder mit leichten Alurahmen und Gangschaltung sowie hochwertige E-Bikes. In der Hochsaison ist eine Reservierung (nur telefonisch!) empfehlenswert.

Stadttouren

Stadtführungen

Die lange und abwechslungsreiche Geschichte und kulturelle Bedeutung Regensburgs spiegelt sich in einem **unglaublichen Angebot an Stadtführungen** wider. Weit über hundert freiberuflich tätige Gästeführer vermitteln auf spannende und anspruchsvolle Weise sage und schreibe rund 60 verschiedene Themen auf Spaziergängen von unterschiedlicher Dauer mit entsprechen variierenden Preisen. Der **Klassiker** ist die allgemeine, ungefähr 1,5 Stunden dauernde Stadtführung, bei der man einen Überblick in die Vielschichtigkeit des Welterbes erhält.

› **kulttouren e. V.:** Der größte Anbieter von Stadttouren, die über die Tourist Information (s. S. 121) vermittelt werden.

•**120** [F3] **Stadtmaus**, TCH Veranstaltungs GmbH, Thundorferstr. 1, Tel. 2303600, www.stadtmaus.de, geöffnet: Mo–Fr 9–17, Sa 10–13 Uhr. Die Agentur offeriert unter anderem erlebnisorientierte Führungen mit schauspielerisch begabten Führern in traditioneller Kleidung und kulinarische Streifzüge durch Regensburg und in das Labertal. Das komplette Programm ist in der Broschüre „STADTMAUS. Regensburg erleben" enthalten, die als PDF auf der Website liegt.

Stadtrundfahrten

Die wichtigsten Sehenswürdigkeiten der Altstadt kann man bequem mit einer **45-minütigen Stadtrundfahrt** in einem kleinen Zug erkunden.

•**121** [F4] **Regensburger Stadtrundfahrten,** Tel. 09401 6079977, www.citytour.info/regensburg. Abfahrt tgl. (außer Feb./März) zu jeder vollen Stunde am Domplatz 5. Fahrzeiten: Juni–Sept. tgl. 10–17 Uhr, Mai und Okt. tgl. 10–16 Uhr, Jan., April, Nov., Dez. tgl. 11–15 Uhr, Feb. Sa/So 11–15 Uhr, März Fr–So 11–15 Uhr, keine Fahrten an manchen Feiertagen und Stadtfesten, Preis: 9 €, ermäßigt: 7 €, Familie (2+2 bis 14 J.) 21 €

Donaufahrten

Regensburg einmal ganz anders erleben: Bei einer **gemächlichen Schiffsfahrt** auf der Donau, die so maßgeblich die Geschichte und Geschicke der Stadt bestimmt hat. Zwei **Reedereien** bieten dafür ein vielfältiges und

Bei einer Donauschifffahrt kann man die Steinerne Brücke 44 auch von unten bewundern

060rb Abb.: jb

nach individuellen Wünschen abgestimmtes Programm:

- 122 [F3] **Donauschifffahrt Wurm + Noé,** Tickets im Verkaufspavillon am Donauufer, Thundorferstr. 6, Tel. 50277880, www.donauschifffahrt.eu, geöffnet: April–Okt. Mo–So 9–16 Uhr. Hauptattraktionen der Flotte sind neben dem Nostalgieschiff MS Bruckmadl mit goldenem Anker die Kristallkönigin und die kleinere, aber nicht minder luxuriöse Kristallprinzessin, die in den Innenräumen und Treppenhäusern mit unzähligen geschliffenen Gläsern der weltberühmten Manufaktur Swarovski in Wattens dekoriert sind. Besonders populär sind die Stadtrundfahrten (Strudelrundfahrten) mit Erklärungen über Bordlautsprecher: Mitte April–Mitte Okt. tgl. 6 x 10.30–15.30 Uhr, Dauer: 45 Min., Preis: 9,50 €, Abfahrt: Am Donaumarkt bei der Eisernen Brücke. Im Programm sind auch spezielle Themenfahrten mit Musik und Mehrgänge-Menü (z. B. Sunset Cruise und Italienische Nacht), Sonntags-Büfettfahrten (12–16 Uhr, Preis: 48 €) und Fahrten zur Walhalla 55, die genügend Zeit zur Besichtigung lassen: Mitte April–Mitte Okt. tgl. 3 x 11–15 Uhr, Dauer: 2 Std., Preis für Hin- und Rückfahrt: 15,50 €.
- 123 [F3] **Regensburger Personen-Schifffahrt,** Thundorferstr. 6, Tel. 52104, www.schifffahrtklinger.de, geöffnet: April und Okt. tgl. 10–15 Uhr, Mai–Sept. tgl. 9–16 Uhr, Dez. Fr/Sa 11–14 Uhr. Die stilvolle MS Fürstin Gloria ist der Star der Reederei. Das Schiff wird zumeist für Eventfahrten (z. B. Frühstücksfahrt: 9.30–11.30 Uhr, 25 €; Brunchtour: 11–15 Uhr, 39 €) eingesetzt. Abfahrt: Steinerne Brücke 44. Fahrten zur Walhalla 55: April Sa/So und Mai–Mitte Okt. 10.30 und 14 Uhr, Preis für Hin- und Rückfahrt: 14,80 €. Originell ist die Strudel-Rundfahrt entlang der Silhouette der Altstadt mit Unterquerung der Steinernen Brücke: April und Okt. tgl. 11–15 Uhr, Mai–Sept. tgl. 11–16 Uhr, Dauer: 50 Min., Preis: 9,50 €. Fahrten über Kehlheim nach Weltenburg 59: Juni bis Anfang Sept. jeden Di und Sa, Abfahrt 9.30 Uhr bei Ableger Dultplatz, Dauer: 8,5 Std., Preis: 34,50 €. Für gute Laune sorgen auch die mehrmals in der Hauptsaison durchgeführten „herzhaften Schmankerlfahrten“, nähere Informationen, vor allem zu den Terminen und zahlreichen Bewirtungsoptionen, auf Anfrage.

Unterkunft

Die **Palette an Unterkünften** in Regensburg ist groß und reicht von Hostels über Pensionen und Ferienwohnungen zu Hotels der 4-Sterne-Kategorie. Preiswerte Zimmer für den schmalen Geldbeutel in Zentrumsnähe sind rar, eine Nacht im Doppelzimmer schlägt beim Großteil der Hotels mit 80–120 € zu Buche. Sehr zu empfehlen ist – auch bei der Anreise mit dem eigenen Pkw und den dadurch meist anfallenden Gebühren im Parkhaus – die **Übernachtung in der Altstadt,** da praktisch alle Sehenswürdigkeiten und eine kaum überschaubare Anzahl an Geschäften, Restaurants, Cafés und Bars quasi vor der Haustür liegen. Zudem sind in den letzten Jahren etliche **his-**

Preiskategorien

Die Preiskategorien gelten für ein Doppelzimmer inklusive Frühstück.

€	bis 50 €
€€	50–80 €
€€€	80–140 €
€€€€	140–200 €

torische **Gebäude** behutsam zu stilvollen Hotels ausgebaut worden, mit teilweise fantastischen Aussichten von den oberen Stockwerken auf die Dächer, Türme und Kirchen.

Nachfolgende Preisangaben verstehen sich als Richtwert und können in der Hochsaison oder während der Messezeiten ansteigen. Regensburg Tourismus und auch etliche Hotels bieten **spezielle Arrangements** zu Sonderpreisen.

Unter www.regensburg.de und www.hrs.de lassen sich Unterkünfte mit genauer Beschreibung, Lage und Preis reservieren. Telefonisch und direkt vor Ort ist die **Tourist Information** (s. S. 121) im Alten Rathaus gerne behilflich. Nachfolgende Unterkünfte befinden sich ausnahmslos in der Altstadt und in Stadtamhof.

Hotel Altstadt-Engel mit Café im Freien

Hotels

124 [E4] **Altstadthotel Arch** €€€, Haidplatz 2–4, Tel. 58660, www.regensburg-hotel.de. **Übernachten in einem mittelalterlichen Stadtpalast:** Nur wenige andere Hotels in der Altstadt vereinen das unvergleichliche Ambiente eines mittelalterlichen Patrizierhauses und modernen Komfort so wie die zentral am Haidplatz gelegene Arch.

125 [F4] **Bischofshof am Dom** €€€€, Krauterermarkt 3, Tel. 58460, www.hotel-bischofshof.de. **Relaxen im gemütlichen Innenhof:** Eine Unterkunft der besonderen Art in erstklassiger Lage zwischen Dom 1 und Donau mit liebevoll eingerichteten Zimmern. Das zugehörige **Café Porta** öffnet im Sommer seinen stimmungsvollen Biergarten im Innenhof. Tipp: die Porta-Praetoria-Suite im erhaltenen Rundturm des alten römischen Lagertors – wahrscheinlich das älteste Hotelzimmer Deutschlands.

126 [E4] **Blauer Turm** €€€, Tändlergasse 14, Tel. 58440, www.muenchner-

061rb Abb.: jb

hof.de (Menü: Blauer Turm). **Zimmer in ihrer Lieblingsfarbe:** Die Dependance des gegenüber liegenden Hotels Münchner Hof bietet außen altes Gemäuer und innen sieben individuell gestaltete Design-Räume, in denen jeweils eine Farbe dominiert: so beispielsweise Violett im Burggrafenzimmer, Blau im Saphirzimmer und Rot im Zofenzimmer.

127 [G4] **Elements Hotel** €€€€, Alter Kornmarkt 3, Tel. 20072275 , www.hotel-elements.de. **Verwöhnhotel in zentraler Lage:** Feuer, Wasser, Erde und Luft – die Möbel, Tapeten und alle Accessoires der vier Zimmer in vier Stockwerken eines alten Wohnturms sind geschmackvoll und ganz speziell auf das jeweilige Element hin abgestimmt. Auf Wunsch gibt es auch ein Candle-Light-Dinner (in der Feuersuite) sowie Fußzonenreflex- und Hawaiianische Massagen.

128 [F3] **Goliath am Dom** €€€€, Goliathstr. 10, Tel. 2000900, www.hotel-goliath.de. **Weltkulturerbe von der Dachterrasse aus genießen:** Gegenüber vom Goliathhaus und mitten im historischen Zentrum unweit der Steinernen Brücke verwöhnt dieses 4-Sterne-Hotel seine Gäste mit klassischer Eleganz, zuvorkommendem Service und Wellness. Im Sommer ist die Dachterrasse für einen Drink offen (nur für Hotelgäste).

129 [F6] **Hotel am Peterstor** €€, Fröhliche-Türken-Str. 12, Tel. 54545, Rezeption: Mo–Fr 7–22, Sa/So 7.30–20 Uhr, www.hotel-am-peterstor.de. **Preiswerte Unterkunft in Bahnhofsnähe:** Das renovierte Hotel ist eine gute Option für Preisbewusste. Bahnhof und die klassischen Sehenswürdigkeiten der Altstadt sind in wenigen Gehminuten erreichbar.

130 [F1] **Hotel LUX** €€€, Stadtamhof 24, Tel. 85724, www.hotel-lux.eu. **Solide und preiswert:** Sechs geräumige Zimmer mit Jugendstil-Elementen, deren stilvolle Gestaltung mit dem Deutschen Innenarchitekturpreis gewürdigt wurde. Zum Haus gehört das schräg gegenüberliegende Restaurant Meier mit leckeren internationalen Gerichten.

131 [G4] **Kolpinghaus** €€, Adolph-Kolping-Str. 1, Tel. 595000, www.kolpinghaus-regensburg.de. **Jugendfreundliches Haus in Donaunähe:** Das Kongress- und Kulturzentrum bietet 30 preiswerte Zimmer. Zum Dinieren lädt das **Restaurant St. Erhard**, zur Ruhe und inneren Einkehr die anspruchsvoll gestaltete, moderne Hauskapelle.

132 [F4] **Münchner Hof** €€€, Tändlergasse 9, Tel. 58440, www.muenchner-hof.de. **Familiengeführtes Hotel inmitten der Altstadt:** Im Gewirr von Regensburgs engsten Gassen liegt dieses in Familienbesitz befindliche Haus mit modern gestylten Zimmern, denen teilweise uralte Holzbalken und Steinbögen ein zusätzliches Flair verleihen.

133 [E4] **Orphée Großes Haus** €€€€, Untere Bachgasse 8, Tel. 596020, www.hotel-orphee.de. **Tolle Fernblicke von den Dachzimmern:** Etliche der bis zu 60 m² großen Zimmer glänzen mit alten Teppichen, barocken Stuckdecken, nostalgischen Möbeln und Aussicht vom Erker auf das geschäftige Treiben in der Gasse. Zum Orphée gehört auch das Kleine Haus in der Wahlenstr. und der Andreasstadel in Stadtamhof mit eigenem Parkplatz – ideal für Besucher mit eigenem Pkw.

134 [F6] **Park Hotel Maximilian** €€€, Maximilianstr. 28, Tel. 56850, www.eurostarsparkmaximilian.com. **Stilvoll nächtigen in historischem Ambiente:** Dieses Nobelhotel am Rand der Altstadt besticht durch die Nähe zum Hauptbahnhof und den wunderschönen Speisesaal mit Stuckdekor. Von der weitläufigen Terrasse fällt der Blick auf die weiß-gelbe Prunkfassade oder in die Parklandschaft der Fürst-Anselm-Allee – einmalig in Regensburg!

135 [E2] **Sorat Insel-Hotel** €€€€, Müllerstr. 7, Tel. 81040, www.sorat-hotels.com/de/hotel/regensburg.html. **Traumhafte Lage mit Aussicht auf den Dom:** Lobby und Zimmer dieses Luxushotels auf dem Oberen Wöhrd zeichnen sich durch kühle Eleganz aus, konkurrenzlos ist die Aussicht auf das berühmte Panorama mit Donau, Dom und Steinerner Brücke.

136 [D4] **Zum Blauen Krebs** €€€, Krebsgasse 6, Tel. 57370, www.dicker-mann.de. **Historischer Charme inklusive:** Rustikal, fernöstlich oder barock – nur einen Steinwurf vom Haidplatz entfernt erwarten den Gast ein halbes Dutzend originell eingerichteter Zimmer. Zum Haus gehört das Restaurant Dicker Mann mit bodenständiger bayerischer Küche und Brotzeiten für den kleinen Hunger (tgl. 9–1 Uhr, warme Küche bis 23 Uhr).

Pensionen und Ferienwohnungen

137 [E6] **Castle Hotel** €€€, St.-Petersweg 3, Tel. 20919283, https://hotel-castle.de. **Zum Schloss passende Inneneinrichtung:** Lüsterlampen, Textiltapeten und Holzböden nähern sich in den sieben individuell gestalteten Zimmern dem nahegelegenen Fürstenschloss an. Weitere Pluspunkte sind das familiäre Ambiente und das leckere Frühstück mit hochwertigen regionalen Produkten. Nur einen Katzensprung entfernt ist das Parkhaus Petersweg (s. S. 121).

138 [D2] **Fishermen's Friends Regensburg** €€, Badstr. 24, Tel. 0171 2336688, www.fishermens-friends-regensburg.de. **Mehrzimmerwohnungen in ruhiger Lage:** Das ruhig und idyllisch am Oberen Wöhrd gelegene Ferienhaus verfügt über zwei gemütliche Wohnungen, die nur wenige Gehminuten von der Steinernen Brücke entfernt sind; preisgünstige Wochenpauschale

Jugendherbergen und Hostels

139 [E5] **Brook Lane Hostel** €, Obere Bachgasse 21, Tel. 6965521, www.hostel-regensburg.de. **Preiswerter geht es nimmer!** Budget-Unterkunft für Reisende mit bescheidenen Ansprüchen mitten in der Altstadt: kaum möblierte Einzel- bis 10-Bettzimmer mit Etagenduschen und -toilette, kein Frühstück, Bettwäsche gegen Gebühr, im Erdgeschoss ein kleiner Supermarkt (geöffnet Mo–Sa 8–20 Uhr, im Sommer auch So).

140 [J3] **Jugendherberge Regensburg** €, Wöhrdstr. 60, Tel. 4662830, www.regensburg.jugendherberge.de. **Nur zehn Gehminuten außerhalb der Altstadt:** Die zum DJH gehörende Kultur-Jugendherberge mit 186 Plätzen in 4- bis 8-Bettzimmern liegt ruhig auf einer der Donauinseln und 1,2 km vom Dom entfernt. Die Unterkunft bietet für Gruppen und Familien ein umfangreiches, pädagogisch begleitetes Kulturangebot, beispielsweise Stadtführungen, Basteln von Römersandalen oder einen mittelalterlichen Wirtshausabend.

Camping

141 [ae] **AZUR Camping Regensburg** €€, Weinweg 40, Tel. 270025, www.azur-camping.de, ganzjährig geöffnet; Schranke (Hauptsaison): 8–12 und 15–22 Uhr. **Bequem erreichbar über die Autobahn:** Der Camping- und Wohnmobilplatz liegt etwa zwei Kilometer westlich des Regensburger Zentrums am nördlichsten Punkt der Donau. Die Altstadt ist mit dem Rad über den am Campingplatz vorbeiführenden Donauradweg direkt zu erreichen. **Tipp:** Nebenan befindet sich das weitläufige Bade- und Kurparadies „Westbad" mit Thermal-, Wellen- und Mineralwasserbecken.

Verkehrsmittel

Das beste Verkehrsmittel für das historische Zentrum mit seinen verwinkelten Gassen sind die **eigenen zwei Beine.** So kann man die **Altstadt in ihrer Ausdehnung** in Ost-West-Richtung (etwa 2 km) in ca. 25 Minuten durchqueren. Als Alternative zum Spaziergang bieten sich mit Einschränkungen auch Bus und Fahrrad an.

Bus

Durch das Regensburger Zentrum fährt der **Altstadtbus** (Linie A) in einer großen Schleife. Anfang- und Endstation sind der Hauptbahnhof/Arcaden, Wendepunkt ist der Arnulfs- [D4] bzw. Bismarckplatz 28. Der Bus verkehrt Mo–Fr 9–19 Uhr im 10-Min.-Takt und 19–20.15 Uhr im 15-Min.-Takt. Ein dichtes Netz **allgemeiner Linienbusse** des Regensburger Verkehrsverbunds (RVV) verbindet die Neustadt mit der Altstadt, wo die Busse entlang der Donau fahren. Ein **Liniennetzplan** ist am Ende dieses Buches zu finden (s. S. 144).

In der Zone 1 kostet ein **Einzelticket** im Vorverkauf 2,40 €, im Bus 3,00 €, für Kinder 1,30 €, ein **Streifen-Ticket** (10 Streifen) im Vorverkauf 9,30 €, im Bus 10,30 €. Eine attraktive Alternative ist das **Tages-Ticket Innenstadt** (Mo–Fr ab 9 Uhr, Sa/So ganztags) für 2,50 € (gültig für bis zu fünf Personen). Weitere Infos bei:

- •142 [G7] **RVV-Kundenzentrum,** Hemauerstraße 1 (300 m vom Hauptbahnhof), www.rvv.de, Tel. 6012888, Mo–Fr 8–18 Uhr
- › **App RVV:** Fahrplanauskunft und Handy-Ticket für den Regensburger Verkehrsverbund (kostenlos für Android und iOS)

Taxi

Die **Grundgebühr** für Taxis beträgt 3,40 €, jeder gefahrene **Kilometer** 1,80 €. Taxibestellung bei:

- › **Taxi Regensburg eG,** Tel. 52052, www.taxi-regensburg.com

Wetter und Reisezeit

Regensburg liegt in der gemäßigten Klimazone und ist ein **ganzjähriges Städtereiseziel.** Dennoch sind die **Sommermonate** Juni, Juli und August die besten Reisemonate, mit relativ wenigen Niederschlägen und angenehm warmen Abenden. In den **Wintermonaten** hält sich eine geschlossene Schneedecke nicht über längere Zeit, jedoch häufig Nebel aufgrund der Lage der Stadt an Donau, Regen und Naab. Die mittlere Niederschlagsmenge beträgt etwa 650 mm/Jahr, damit gehört Regensburg zu den regenärmsten Städten in Bayern.

Durchschnitt	Wetter in Regensburg											
Maximale Temperatur	1°	3°	9°	14°	19°	22°	24°	24°	19°	13°	6°	2°
Minimale Temperatur	–4°	–3°	1°	3°	8°	11°	13°	13°	9°	5°	1°	–2°
Regentage	9	8	9	8	10	11	11	10	9	8	10	10
	Jan	Febr	März	Apr	Mai	Juni	Juli	Aug	Sept	Okt	Nov	Dez

ANHANG

083rb Abb.: jb

Register

Der Autor

Jürgen Bergmann, geboren 1967 in der alten Herzogstadt Burghausen (Oberbayern), studierte in München Archäologie, Kunstgeschichte und Geschichte. Als Backpacker, Reiseleiter und Reisebuchautor ist er etliche Monate im Jahr zwischen Äquator und beiden Polarkreisen unterwegs, so in Indochina, Lateinamerika, Skandinavien und im Nahen Osten.

Doch immer wieder zieht es ihn in seine bayerische Heimat und ins benachbarte Österreich, zwei Regionen, die er aufgrund des kulturgeschichtlichen Reichtums, der gemütlichen Biergärten und urigen Wirtschaften sowie der oft versteckten Naturschönheiten zu den attraktivsten Reisezielen überhaupt zählt. Seit nunmehr zwei Jahrzehnten beobachtet er mit Interesse die erfolgreiche Sanierung der weitläufigen Altstadt Regensburgs, die beim Spazieren durch die Gassen immer wieder mit neuen Entdeckungen überrascht.

Schreiben Sie uns

Dieses Buch ist gespickt mit Adressen, Preisen, Tipps und Daten. Unsere Autoren recherchieren unentwegt und erstellen alle zwei Jahre eine komplette Aktualisierung, aber auf die Mithilfe von Reisenden können sie nicht verzichten. Darum: Teilen Sie uns bitte mit, was sich geändert hat oder was Sie neu entdeckt haben. Gut verwertbare Informationen belohnt der Verlag mit einem Sprachführer Ihrer Wahl aus der Reihe „Kauderwelsch".

Kommentare übermitteln Sie am einfachsten, indem Sie die Web-App zum Buch aufrufen (siehe Umschlag hinten) und die Kommentarfunktion bei den einzelnen auf der Karte angezeigten Örtlichkeiten oder den Link zu generellen Kommentaren nutzen. Wenn sich Ihre Informationen auf eine konkrete Stelle im Buch beziehen, würde die Seitenangabe uns die Arbeit sehr erleichtern. Unsere Kontaktdaten entnehmen Sie bitte dem Impressum.

Impressum

Jürgen Bergmann

CityTrip Regensburg

© Reise Know-How Verlag
Peter Rump GmbH 2014, 2016, 2018
4., neu bearbeitete und aktualisierte Auflage 2020

ISBN 978-3-8317-3334-7

Druck und Bindung:
mediaprint solutions GmbH, Paderborn

Herausgeber: Klaus Werner
Layout: amundo media GmbH (Umschlag, Inhalt), Peter Rump (Umschlag)
Lektorat: amundo media GmbH
Karten: Ingenieurbüro B. Spachmüller, amundo media GmbH
Anzeigenvertrieb: KV Kommunalverlag GmbH & Co. KG, Alte Landstraße 23, 85521 Ottobrunn, Tel. 089 928096-0, info@kommunal-verlag.de
Kontakt: Osnabrücker Str. 79, 33649 Bielefeld, info@reise-know-how.de

Alle Angaben in diesem Buch sind gewissenhaft geprüft. Preise, Öffnungszeiten usw. können sich jedoch schnell ändern. Für eventuelle Fehler übernehmen Verlag wie Autor keine Haftung.

Bildnachweis

Umschlagvorderseite: Adobe Stock©Andy Ilmberger | Umschlagklappe rechts: Jürgen Bergmann (der Autor)
Soweit ihre Namen nicht vollständig am Bild vermerkt sind, stehen die Kürzel an den Abbildungen für die folgenden Fotografen, Firmen und Einrichtungen. Jürgen Bergmann: jb | Adobe Stock: as | fotolia.com by adobe: fo | dreamstime.com: dt

Regensburg mit PC, Smartphone & Co.

QR-Code auf dem Umschlag scannen oder **www.reise-know-how.de/citytrip/regensburg20** eingeben und die **kostenlose Web-App** aufrufen (Internetverbindung zur Nutzung nötig)!

★ **Anzeige der Lage und Satellitenansicht aller** beschriebenen Sehenswürdigkeiten und touristisch wichtigen Orte
★ **Routenführung** vom aktuellen Standort zum gewünschten Ziel
★ **Exakter Verlauf** des empfohlenen Stadtspaziergangs
★ **Updates** nach Redaktionsschluss

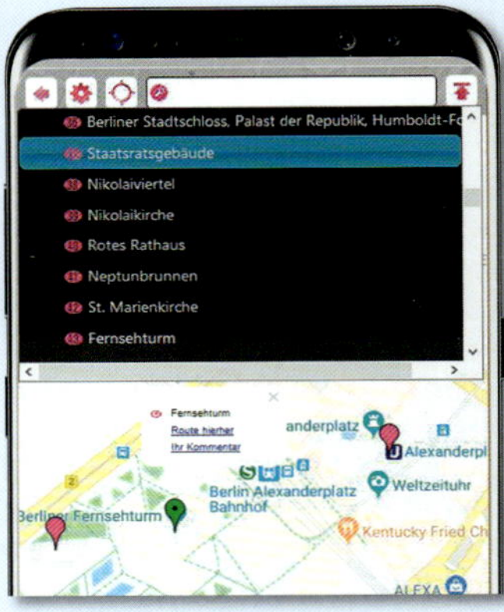

GPS-Daten zum Download

Die GPS-Daten aller Ortsmarken und des Spaziergangs können hier geladen werden: www.reise-know-how.de, dann das Buch aufrufen und zur Rubrik „Datenservice" scrollen.

Stadtplan für mobile Geräte

Um den Stadtplan auf Smartphones und Tablets nutzen zu können, empfehlen wir die App „Avenza Maps" der Firma Avenza™. Über die Funktion „Store" kann die „Citymap Regensburg 2020" kostenlos geladen werden.

Unsere App-Empfehlungen zu Regensburg

› **Regensburg Tourist:** Die Sehenswürdigkeiten der Donaustadt kann man kurzweilig auf eigene Faust erkunden, indem interaktive Wegbeschreibungen von Highlight zu Highlight führen. Am Ziel angelangt, taucht man mit der Audiofunktion in die spannende Geschichte der jeweiligen Objekte ein (für Android 1,89 €, für iOS 2,29 €).
› **artguide:** Für Regensburg bietet artguide eine App mit Kunstführern zum Regensburger Dom, zur Basilika St. Emmeram, zur Alten Kapelle, zu St. Jakob und zum mittelalterlichen Regensburg: jeweils mit Audio-Guide, interaktivem Grundriss, E-Book und praktischen Infos (Mantel-App gratis für iOS, jeder Führer 3,99 € oder drei für 7,99 €).
› **RVV:** Haltestellen und Fahrplanauskunft des Regensburger Verkehrsverbundes (kostenlos für Android und iOS)

Liste der Karteneinträge

Zeichenerklärung

- Hauptsehenswürdigkeit
- Biergarten, Pub, Kneipe
- Café
- Denkmal
- Freibad, Hallenbad
- Galerie
- Geschäft, Kaufhaus, Markt
- Hotel, Unterkunft
- Imbiss, Bistro
- Informationsstelle
- Jugendherberge, Hostel
- Kino
- Kirche
- Krankenhaus, Arzt
- Museum
- Musikszene, Disco
- Parkplatz
- Pension, Bed & Breakfast
- Polizei
- Post
- Restaurant
- Sonstiges
- Theater
- Vegetarisches Restaurant
- Zeltplatz, Camping

- Shoppingareal
- Gastro- und Nightlife-Areal
- Stadtspaziergang (s. S. 11)
- Spaziergang Winzerer Höhen (s. S. 72)

Hier nicht aufgeführte Nummern liegen außerhalb der abgebildeten Karten. Ihre Lage kann aber wie die von allen Ortsmarken im Buch mithilfe der Web-App angezeigt werden (s. S. 140).

Schematischer Liniennetzplan Regensburg

RVV Regensburger Verkehrsverbund

Stand: 01.08.2019

Tarif-Hinweis: Alle hier dargestellten Haltestellen – ausgenommen Grünthal und Irlbach – liegen innerhalb der Zone 1

Diesem CityTrip-Band wurde hier ein herausnehmbarer Faltplan beigefügt. Sollte er beim Erwerb des Buches nicht mehr vorhanden sein, fragen Sie bitte bei Ihrem Buchhändler nach.